工业革命时期英国报刊与社会变革研究

张英明 著

上海人民出版社

目录

绪论

　　报刊与社会变革的关系自传播媒介产生以来一直是学术界经久不衰的话题。工业革命时期英国社会发生了巨大变革，报刊反映社会变革的轨迹，亦推动了社会变革的发展。本书旨在探究 1780 年到 1850年前后工业革命时期英国报刊出版对社会变革的影响。英国是世界报刊的发源地之一，工业革命时期的英国报刊不仅是世界报刊发展的重要组成部分，而且，作为世界头号强国，其报刊出版的发展具有十分明显的典型性，对于当时英国文化模式的构建亦产生了重要的影响。由此而言，对于工业革命时期的英国报刊与社会变革发展之间关系的研究就有了一定的学术意义和现实意义。

英国的报刊发端于 16 世纪的小册子出版，到工业革命时期逐渐开始繁盛。1780 年到 1850 年的工业革命对英国影响极大，所有的人和事物都卷入这场变革的洪流中，报刊亦不例外。工业革命时期英国报刊的变化本身就是社会转型的结果，报刊出版物的功能、运作、传播以及对于社会的巨大影响是重要的研究对象。与此同时，这些刊物所刊载的内容作为社会变革的重要资料，是对当时政治、经济、文化以及社会生活的重要反映，作为历史研究中的重要材料，其史料价值不言而喻。本书关于工业革命时期的报刊与社会变革的探究，不是站在报刊或者大众传播的角度来展开的，也不是叙述工业革命时期英国新闻报刊发展的新闻报刊史形式。而是以报刊为研究对象，以 1780 年至 1850 年工业革命时期英国的社会变革的重要事件为纲，探究英国社会发展过程中报刊的发展情况，在此基础之上，探究报刊对社会变革产生的重要作用，包括报刊在法国大革命、激进运动、议会改革以及宪章运动等大事件中的作用。主要阐述报刊出版业在当时的社会环境之下发展转型状况，报刊内容对社会变革的反映，以及在工业革命时期的社会变革过程中报刊担当的角色。深化报刊媒介与工业革命时期英国社会变革互动的研究，为理解英国社会转型提供新视角。

两条主线贯穿全书，一是工业革命时期英国复杂多变的社会环境下报刊的发展转型状况；一是英国社会的变革发展。两条主线同步发展相互影响，合二为一，从而能够很好地揭示出不同社会时期报刊发展与社会变革的互动关系，以及报刊对工业革命时期社会变革产生的巨大影响。从纵向角度分析工业革命时期英国社会变革过程中不同时期报刊所产生的作用，与此同时，又从横向角度将同一时期不同立场的各种报刊进行了分类分析。在探究过程中，既需要从整体角度把握，更需要从具体社会状况方面考虑，从而能够更好地对比分析工业革命时期英国报刊与社会变革的互动关系，探究报刊在社会发展过程中承担的角色，以及报刊对于工业革命时期社会变革发展的影响。

报刊的巨大发展，是在社会变革的推动下发生的，报刊数量和发行量增长迅速，组织机构、人员构成、内容形式均有较大进步。工业革命推动下英国社会不断进步，报业亦发展迅速。一方面，政治、经济、社会文化、技术以及法律等因素的推动。另一方面，18世纪末19世纪初，政府通过税收、立法、津贴等形式的限制多以失败告终。首先，地方政府和议会意见不一，诉讼定罪困难。其次，逐利冲动下，出版发行商和小贩等想方设法逃避审查。再次，政党背景报刊难于限制。最后，读报蔚然成风，阅览室大量出现，咖啡馆、酒馆为吸引顾客提供大量报刊。如此背景下，英国出现大量报刊，发行量亦不断增长。报业组织机构渐趋完善，人员专业化水平不断提高，内容形式逐步多样，逐步向现代报业转型。与此同时，报业的发展直接促进了报人群体崛起，他们的社会地位不断提升，影响力逐步增大。独立性增强，发行量增长和发行范围的扩展，促使报刊展现出的强大力量开始对社会政治产生重要影响。报人群体是报刊转型的推动者，随着报刊影响力的增大，他们的经济情况、职业状态、社会地位也不断改善，逐步由臭名昭著的"格拉布街文人"转变为受人尊敬的"第四等级"。由此报人借助报刊对社会变革开始产生影响。

关于英国此时的社会变革，主要是受到工业革命的巨大影响。首先是社会阶层的分化，随之而来的是议会改革，最后则是英国政党政治的发展，还有就是一系列围绕着这些问题而产生的社会民众运动。

18世纪末19世纪初，工业化所带来的是社会阶层的分化，新兴资产阶级和工人阶级初步分化成型，他们与贵族以及互相之间的利益冲突不断，使得整个英国社会呈现出动荡不安的状态。拿破仑战争期间，由于托利党政府的高压政策，包括激进运动在内的众多民众政治运动被迫转入地下。而拿破仑战争末期，随着国外威胁的减少，国内矛盾再度激化，最早爆发了破坏机器的卢德运动，此运动中手工工人因被机器生产所代替，而反抗工业化，组织大量对于工厂的攻击。其后是议会改革运动以及宪章运动等。总体来说，此时期的英国表现出明显的各阶层利益冲突的特点。在各阶层的政治利益冲突中，变革的中心问题则是议会改革，因为无论是两党斗争还是一系列运动最终都会归结到议会改革问题。工业革命时期英国社会变革中政治的一个重要特点是政党政治迅速发展。1783年到1830年期间，英国处于托利党寡头政治时期，也是英国的保守政治时期，但是辉格党的势力一直在增长，尽管处于在野党的位置，但对于政治依然有着巨大影响。加之托利党由于一些内部问题而最终分裂，随之发生了第一次议会改革。在此，托利党和辉格党分别向保守党和自由党转变，标志着英国现代政党正式出现，并在19世纪逐步走向成熟。

在报刊和社会变革的发展过程中，报刊舆论对社会变革的发展产生了重要的推动作用。其实早在威尔克斯事件后，报刊在英国社会的影响越来越大。18世纪末，法国大革命引发了英国政治改革的讨论。最初，中立政策下，在托马斯·潘恩等激进报人知识分子的推动下，国内舆论倾向于改革。但随着法国对外扩张以及大革命暴力事件的发生，为稳定局势，英国对外组织反法同盟，对内压制激进舆论。在政府支持下，以埃德蒙·伯克为代表的英国保守报人、报刊展开了大力宣传，保守舆论逐步取得优势，激进改革势力和报刊舆论被压制，受众逐步减少，英国转向保守政治时期。

1815年拿破仑被击败之后，使得英国受到的外部威胁得到缓和。但是在国内保守派继续实行保守政策引发了民众的不满。此时期，关于议会改革的讨论再次提上日程。英国的议会改革，早在18世纪末，便引发了报刊的评论，限于国内外形势暂时被压制。反法战争结束后，改革再次被提上日程，其后在"反对《谷物法》事件""卡洛琳事件""《天主教徒解放法案》事件"等政治事件中，代表不同政党、阶层和利益的群体在报刊上展开了评辩，改革报刊舆论逐步占据上风，使统治阶层认识到不进行改革会带来严重后果，部分保守派也开始倾向于改革。最终倾向于保守的托利党政府倒台，在辉格党政府首相格雷的主持下议会改革法案通过。正是报刊的报道，使得议会改革呼声逐步占据上风，迫使统治阶层意识到改革的紧迫性，推动了改革的进行。

议会改革后，工人阶级为改变无权地位发动了独立的改革运动。1938年，《人民宪章》公布，宪章运动拉开序幕。为推动运动发展，激进派大力创办报刊（超过50份），其中最著名的是《北极星报》（*Northern Star*）。在激进派报人、组织以及工人阶级群体的支持下，以政治宣传和动员为目的报人对宪章运动的相关事件，如"十小时工作日工厂立法改革""反对济贫法运动""反对印花税运动"等，进行评论和宣传，形成社会舆论，将遍布全国的宪章团体联合在一起，从而支撑运动发展。

　　在这一过程中，随着刊物发行量的不断提升，经济独立性日益提高，报刊开始摆脱政府的控制发挥独特的影响力，逐渐被冠以"第四等级"的称号。尤其是此时期的《泰晤士报》（*The Times*），在第一任编辑巴恩斯的带领之下，其一系列报道对社会起到了巨大的影响，主编巴恩斯亦被称为英国最有权力的人。美国总统林肯都惊叹于报刊的影响力，宣称除了密西西比河以外，没有见过其他的更有力量的事物。激进运动、议会改革、反对谷物法、反对印花税和宪章运动，均是在报刊舆论的指引下进行的，这些刊物从不同角度对问题进行解读，引导民众做出最合理的判断。在那个通讯闭塞的年代，报刊是各地民众沟通的桥梁，也正是新闻报刊这一媒介的存在才将广大的英国民众团结在一起形成一股合力，有力推动了英国社会变革的发展。

　　关于工业革命时期报刊与变革的互动关系前人亦多有研究。从英国报刊史的早期研究开始，威克瓦尔（William H. Wickwar, 1928）和汉森（Lawrence Hanson, 1936）到二战后的西伯特（Fredrick S. Siebert, 1952）和雷亚（Robert R. Rea, 1963）等学者基本都遵循"压制反抗模式"，以冲突论和进步论解释报刊发展，认为报刊史是报刊与各种控制势力不断斗争胜利的过程。皮纳尔（Arthur Aspinall, 1949）最早提出异议，指出英国工业革命时期的报刊支撑了大众政治问题讨论，对政治影响极大。但皮纳尔认为此时报刊为求生存接受津贴而陷入"腐败泥潭"，依旧没有摆脱上述模式。20世纪七八十年代，随着历史研究的文化转向，卡瑞（James W. Carey, 1974）对进步主义阐释模式提出批判，将报刊的历史看作文化史的一部分，不再仅仅将报刊视为信息传播的工具，而是从关系的视角强调报刊与社会政治、经济、文化的互动仪式。自此关于英国工业革命前后报刊与社会变革的研究大量出现。

国外研究，根据内容可分为四个方面。第一，社会变革影响报刊发展。最主要的观点为政治变革是报刊发展的主要动因，有学者认为政论报刊博兴的主要原因是政治变革（Stephen Koss, 1984），报刊发展与政治转型密切相关（Karl Schwelzer, Jeremy Black, 1989）。其他影响因素的探讨，如有学者认为商业利益是驱动科学出版物发展的主要动力（Aileen Fyfe, Bernard Lightman, 2007），还有学者指出科学进步推动了科学刊物和专业刊物的兴起（Bernard Lightman, 2020）。第二，报刊推动社会变革。有观点指出报刊舆论对政治影响极大，认为法国大革命时期英国政治的两极分化是皮特战时政府的刻意宣传所致（Andrews Stuart, 2000），指出报刊对英国公共领域产生发展的贡献巨大，进而影响政治发展（Mick Temple, 2009）。不仅是报刊对政治的影响，亦有观点指出报刊推动社会进步。有学者认为剑桥郡的报刊成为阶级、城乡、新旧等群体辩论的平台，推动社会问题的解决（Michael Murphy，1977），也有学者从报刊业主的经济动机入手探究报刊对社会问题的批判，进而揭示报刊对社会进步的推动作用（Martin Conboy，2004）。还有关于性别与报刊关系的探究，就刊物对女性发展的推动进行了探讨（Hilary Fraser，2003）。第三，报刊与社会变革相互作用。克兰菲尔德较早地从阅读史视角探究了几代报刊的阅读情况，解读了报刊与社会变迁相辅相成的关系（Geoffrey Alan Cranfield，1978）。巴克则指出18—19世纪报刊在与政治互动中的作用越来越不可或缺（Rodney Barker，2000）。第四，报人与社会变革的互动。关于报人群体研究较为全面的是克罗斯，其对以"格拉布街文人"为代表的报人群体的生活状态做出探究，以此反映社会变革（Nigel Cross，1985）。其后多为对著名报人的研究，有学者以威廉·科贝特和亨利·亨特之间的友谊和斗争来反映当时社会转型的状况（Penny Young，2009），还有学者通过19世纪著名女性报人透视了当时女性从业者的情况，认为不为人知的女性报人为报刊业发展作出了较大贡献（Marianne Van Remoortel，2015）。这些研究早期多为长时间段的互动研究，其后逐步关注短时间段的互动，进而专注于一类刊物、刊物与社会群体或问题，研究呈逐步深化细致趋势。

　　国内研究主要为报刊与政治变革关系的探讨。焦绪华

（2005）较早对英国18世纪末19世纪初的激进报刊进行探究，通过激进和保守势力的报刊评辩展示了报刊的政治宣传功能。其后，张妤玟（2010）通过对"第四等级"观念的发展历史的探讨，揭示了近代英国报刊业的发展历程。阎照祥（2014）则认为不应过分强调英国政府对报刊的压制，18世纪前期党争下的反对派报刊斗争推动了报业发展。亦有关于报人的研究。吴伟（2010）探究了以"格拉布街文人"为主体的报人群体对英国报刊业发展的贡献。赵文媛（2012、2015）就报人科贝特对英国政治转型产生的影响进行了分析阐述。总体而言，国内关于报刊和报人的研究均有涉及，但相对较少，且多集中于近二十年，而关于报刊与社会变革互动的探讨则更少。

　　本书的探究以既有成果为起点。首先，从工业革命的背景入手，分析影响报刊业发展和报人群体崛起的主要因素。其次，对相关材料进行归纳类比，辩证分析报刊出版业在生产发行、组织人员、内容形式等方面的转型，对报人群体的生存状态、社会地位、职业表现等进行探究。再次，以法国大革命、议会改革、宪章运动、激进运动等为纲，分析形形色色的报刊就各种问题的评辩，以呈现报刊对社会变革影响的复杂性。在此基础上对复杂的报刊内容及其影响进行梳理，力图全面把握英国工业革命时期报刊与社会变革的相互作用。

英国报刊的发展开始于 16 世纪的小
册子出版，到现在为止已有四百多年的历
程，在这漫长的历史进程中报刊经历了从
萌芽到成型再到转型成为现代化产业的多
个阶段，直到近几十年随着互联网的兴起
而衰落。在这一发展历程中，工业革命时
期的发展是报刊转型最终形成现代化产业
的重要时期，这一时期英国社会发生巨大
变化，工业化的发展推动城市化进程，政
治渐趋民主。在这样的背景下，英国报刊
发生了转型，与此同时英国社会亦发生剧
烈变革，报刊与社会变革的关系也越来越
密切，报刊既反映了社会变革，又极大推
动了社会变革的发展。

第一节　英国报刊发展历程

英国的出版业从第一台印刷机传入到现在已经有五百多年的历史，而报刊出版的萌芽至今也有四百多年的历史。在此过程中，英国报刊发展经历了萌芽到发展，经过工业革命时期转型，到 20 世纪才发展成为现代化的报刊产业。

1450 年，约翰内斯·古腾堡（Johannes Gensfleisch zur Laden zum Gutenberg）发明了第一台印刷机，1476 年，威廉·卡克斯顿（William Caxton）将印刷工艺引进英国。1500年，卡克斯顿的学徒温肯德·沃德（Wynkynde Worde）从威斯敏斯特的印刷厂中搬出，在格拉布街附近的鞋巷开设了一家印刷店，大约同时期，理查·平森（Richard Pynson）在附近的圣邓斯坦教堂（St Dunstan's church）旁创立了自己的出版和印刷事业。[1]16 世纪，英国印刷商的人数稳步增加，据统计，到 1558 年，英国已经有 13 个印刷商，1563 年则增加到 34 个，16 世纪末已经有 97 个。[2] 最初，处于宗教改革时期出现的这些印刷品中，大部分是宗教相关的题材，以及一些实用手册和通俗文学，其后才出现新闻相关的印刷小册子，在报刊

---

① Bob Clarke, *From Grub Street to Fleet Street*, Aldershot: Ashgate, 2004, p.253.

② 陈力丹、董晨宇：《英国新闻传播史》，人民日报出版社 2015 年版，第 33 页。

形式的新闻载体出现之前，这些小册子便是早期的报刊形态。

随着宗教改革的发展，印刷品中反封建、反宗教的成分日渐增多，引起了封建统治者的不安。封建王朝陆续出台控制印刷出版的措施，1538 年，正式建立皇家特许制度，规定不经特许的出版物不允许出版。[①]1557 年，玛丽女王下令成立皇家特许出版公司，只有经过女王特许的印刷商才能成为公司的会员，只有公司会员和其他特许者才能从事印刷出版。[②]1570年，伊丽莎白女王将参议院司法委员会独立成为皇家出版法庭，即"星法庭"（Star Chamber）[③]，专门管制出版印刷业。1586 年，女王颁布"出版法庭命令"，亦即"星法院法令"，严厉限制出版自由。[④]

在皇家特许制度之下，特许出版商最初被限定为 8—10人，16 世纪末，这一数字超过了 30，尽管如此，这些数量并不能够满足印刷业发展的需求。于是出现众多反抗特许制度

---

① Fredrick Seaton Siebert, *Freedom of the Press in England, 1476—1776: The Rise and Decline of Government Controls*, Urbana: The University of Illinois Press, 1952, p.30.

②④ 张允若、高宁远：《外国新闻事业史新编》，四川人民出版社 1996 年版，第 22 页。

③ "星法庭"在新闻学界被看作为封建社会严厉压制出版自由的象征，是英国出版自由的一大桎梏。参见：Edward P. Cheyney. The Court of Star Chamber. *The American Historical Review*, Vol.18, No.4（Jul., 1913），pp.737—739.

的秘密印刷商，较为著名的是威廉·卡特（William Carter）和约翰·沃尔夫（John Wolfe）。1580年，卡特出版了名为《论教会分裂》（*A Treatise of Schism*）的小册子，鼓动刺杀伊丽莎白女王，因此被逮捕并于1584年被处以绞刑，成了唯一一个都铎王朝时期因出版而被处死的人。沃尔夫的反抗取得了明显的效果，而且对于争取出版自由产生较为重要的影响。在斗争过程中，1587年，沃尔夫最终获得了出版特许权，出版了像《严冬：伦敦冬天记闻》（*The Great Frost: Cold Doing in London*）等产生了较大影响的新闻小册子。[①]

但是，这些出版商的反抗只是为了能够分一杯出版的羹，真正致力于出版自由的是清教徒反对审查制度的斗争，正如威廉·克莱德（William Clyde）所说，英国出版自由的最初动机来自宗教斗争。[②]1572年，清教徒约翰·菲尔德（John Field）与托马斯·威尔考克斯（Thomas Wilcox）在下议院中发布了《告国会书》（*An Admonition to Parliament*），抨击英国教会犯下的错误，认为民众有进行自由评论的权利，英国清教徒和议员皮特·温特沃斯（Peter Wentworth）于1576年发表了题为《论议会自由》（*On the Liberties of the Commons*）的演说，是英

---

① 陈力丹、董晨宇：《英国新闻传播史》，第43页。

② William Clyde, *The Struggle for the Freedom of the Press from Caxton to Cromwell*, New York: Burt Franklin, 1934, p.10.

国历史上最早的言论自由演讲。尽管在政府和宗教的压制下这一时期的出版自由斗争并没有取得什么实质结果，但为其后的出版自由斗争奠定了基础。

17 世纪，英国的政治形势不断变化，随着英国作为重要的海上力量在欧洲崛起，民众对于国内外的新闻兴趣日浓，商业的发展也促使商人阶层对于关系自身经济利益的新闻日渐关心，此时期的新闻需求与资本主义的发展联系也日渐紧密，而在出版限制的制度之下，现有出版物无法满足这一需求。1618 年，三十年战争爆发，随着民众对于欧洲局势了解的渴望，新形式的印刷品——柯兰特出现，意为有多条新闻组成、共同描述特定时间特定事件的出版物。[①] 随着这种印刷品的成功，第一份由托马斯·阿切尔（Thomas Archer）出版的本土柯兰特在 1621 年发行，其后出现了纳撒尼尔·巴特（Nathaniel Butter）印刷的《柯兰特，或来自意大利、德国、匈牙利、西班牙和法国的新闻》(*Corante, or, News from Italy, Germany, Hungarie, Spaine and France*)。1622 年出版商尼古拉斯·鲍尔尼出版了《来自意大利、德国、匈牙利、波希米亚阿宫廷、法国和底地各国的新闻周刊》(*Weekly News From Italy, Germany, Hungaria, Bohemaia the Palatinate, France and Low Countries*)

---

① Bob Clarke, *From Grub Street to Fleet Street*, p.15.

简称《新闻周刊》，这是英国第一份定期出版的印刷新闻，被称为"现代英国出版物的先驱"。这些刊物被设计成册的形式，每期有 20 页，与一般的书籍大小相仿，于是，有学者将这些本册形式的新闻出版物称为"新闻书"。其后又出现了《伊斯普维奇的新闻》(News from Ipswich) 以及《演员—流氓》(Histrio-Mastix) 等"新闻书"。但是严厉的出版制度对于国内新闻的报道受到了相当程度的限制，绝大多数时候他们只能报道国外新闻，尽管受到了种种限制，但是不可否认的是新闻书确实在出版编辑方面开启了英国报刊发展的新篇章。

　　1640 年，英国革命之后是英国真正报刊的形成时期，英国革命期间，革命派与保皇派唇枪舌剑引发了火热的舆论攻势造就了更多的小册子，革命中保皇派与国会派之间的争论为党派报刊小册子的发展提供了良好的环境，出现了众多的党派报刊，像 1625 年国会派创办的《英国信使》(Mercurius Britainnicus)，1643 年保皇派的《宫廷信使》(Mercurius Aulicus) 等。因为这一时期英国党派不成形，尽管大革命打破了王权对于出版业的控制，但是新的秩序尚未建立，出版业呈现出一片混乱无序的状态，英国报刊出版出现了短暂的自由时期。1649 年，克伦威尔被拥为护国主，开始了英国护国主时期，这一时期只允许《政治信使》(Mercurius Politicus) 和《公共情报者》(Public Intelligencer) 一份刊物的两个版本出版，此时期英国新闻书的发展举步维艰，众多小册子都受到了重创。

面对迅速增长的小册子，1662 年议会通过《出版许可法》严厉限制报刊的出版自由。1688 年"光荣革命"之后，资产阶级参与执政。备受压制的新闻出版业重新复苏，纷纷要求取消限制。1694 年，议会正式废除《出版许可法》，这意味着任何人都能够开设印刷所出版刊物而不需要事先得到政府的许可，在这样的状况下，出现了众多新创办的报刊。在伦敦以出版产业著称的格拉布街，在废除《出版许可法》后仅仅一个月内，就有 7 种刊物问世。辉格党与托利党此时亦直接参与创办刊物，出现了亲辉格党的《空中邮报》(*Flying Post*) 和支持托利党的《邮政男孩》(*Post Boy*)。乔纳森·斯威夫特（Jonathan Swift）[①] 写信给在纽约的朋友说在"格拉布街共和国"我可以提供一个前所未有的容纳信息的空间。[②] 到 18 世纪初更是出现了创办刊物的热潮。1702 年的《每日新闻报》(*Daily Courant*)，1704 年笛福创办《英国每周评论》(*British Weekly Review*)，还有 1706 年影响力较大的《晚邮报》

---

① 乔纳森·斯威夫特是英国启蒙运动中激进民主派的创始人，写了很多具有代表性的讽刺文章，其代表作是《格列佛游记》，一部杰出的游记体讽刺小说。他被称为英国 18 世纪杰出的政论家和讽刺小说家。具体详见 Leslie Stephen, "Jonathan Swift," In Lee, Sidney. *Dictionary of National Biography 55*. London: Smith, Elder & Co, 1898，pp.204—218.

② Patricia U. Bonomi, *The Lord Cornbury Scandal: The Politics of Reputation in British America*, UNC Press 2000, pp.104—105.

（*Evening Post*）。其后是道德周刊，最重要的是 1709 年与 1711 年，斯蒂尔、艾迪逊分别创办的《闲谈者》（*Tatler*）与《旁观者》（*Spectator*），这类刊物虽存在时间不长 ①，但其侧重社会和文学评论之风格开启了一种自由发表随想的报刊模式。

面对刊物如雨后春笋般涌现的局面，政府为清除出版异见，钳制舆论，便开始运用经济手段来对刊物进行控制，通过征收印花税、法律制裁以及津贴收买等手段对报业领域进行管制。1712 年、1725 年，两次通过印花税法案，对报刊征收重税，然而，这对报刊的发展却产生了意想不到的作用。一方面报刊通过不断改进版面来减少税务，这促进了报纸版面的改进及最终定型。另一方面导致了新闻业的反抗，促进了报刊上政治评论文章的发展，这些报刊主要有：《考察家》（*Examiner*）、《辉格考察家》（*Whig Examiner*）、《周刊》（*Weekly*）以及《伦敦周刊》（*London's Weekly*）等。其中《周刊》的政治评论文章内容最为激进。其后柏林布鲁克（Bolingbrook）② 出版《匠人》

---

① 《闲谈者》在 1711 年停刊；《旁观者》1712 年因印花税法案而夭折。

② 博林布鲁克是英国政治家、政治作家。他的政治生涯跨越斯图亚特王朝至汉诺威王朝首位国王乔治一世的转变时期。18 世纪初，在柏林布鲁克的倡导下，以斯威夫特及盖伊等人为代表的"柏林布鲁克"文人圈通过他们的文学创作推动了英国文学公共领域向资产阶级政治公共领域的迅速转型。可参见霍盛亚、李增：《英国文学公共领域的转型与"柏林布鲁克"文人圈》，《东北师范大学学报》2013 年第 3 期，第 128—129 页。

（*Craftsman*），其逐步发展为影响最大的反政府刊物。随后以爱德华·凯夫（Edward Cave）在圣约翰门创办的《绅士杂志》（*Gentleman's Magazine*）① 为标志，"报刊真正成为具有政治批判意识的公众，即第四等级的批判机构"②。

随着斗争的深化，发生了威尔克斯事件。1762 年，议员威尔克斯（John Wilkes）创办《北不列颠人报》（*North Briton*），载文批评国王乔治三世的演讲，甚至称专职负责贿赂的官员是"最卑贱以及最肮脏的人物"。司法大臣认定其犯了煽动诽谤罪，宣布其"无耻的诽谤作为一种最恶劣的不端行为将受到惩罚"，随后其被投入伦敦塔。但在法庭上，法官根据议员不受逮捕的规定将其赦免。③ 随后其在《北不列颠人报》等刊物上发表的宣传文章吸引了大多数公众，由此激起了民众自发抗议运动，民众的行动开始影响英国的议会政治，"威尔克斯与自由"成了当时最流行的口号。④ 众多刊物掀起了一场

---

① 第一本以《杂志》为名出版的刊物，是英国人凯夫于 1731 年创办的《绅士杂志》，这本杂志包罗万象，含有文艺、科学和新闻等多方面的内容。详见：John Feather, *A History of British Publishing*, Routledge, 2006, p.57。

② 尤尔根·哈贝马斯著、曹卫东译：《公共领域的结构转型》，学林出版社 1999 年版，第 71 页。

③ Arthur H. Cash, *John Wilkes: the Scandalous Father of Civil Liberty*, New Haven, London: Yale University Press, 2006, pp.79—151.

④ 钱乘旦：《在传统与变革之间——英国文化模式溯源》，浙江人民出版社 1996 年版，第 232 页。

颇具声势的声援运动，他们纷纷评论并批评王室行为和议会决定，谴责政府破坏宪法的做法，支持威尔克斯。此事件扩大了新闻舆论的传播范围，对18世纪报刊的发展起了重要的推动作用。

工业革命的到来，使得英国出版体制发生了巨大变化。一方面，随着人口素质的提高，读者群体不断扩大；另一方面，新技术的运用为报刊的大量发行提供了可能。

18世纪末19世纪初，随着读者群体的不断扩大，一个真正的阅读之邦已经无可争议的产生了，艾萨克·迪士·雷利（Isaac Disney Reilly）早在1795年就自豪地强调："我们想在已经变成了一个阅读和理所当然的批判之国，一个温文雅致的作者发现欣赏自己的读者大量的存在。"[1] 与此同时，廉价木浆纸的引进以及印刷技术的进步，降低了单位成本并且有助于报刊发行量的提升。早在1814年《泰晤士报》就开始使用一种新的高速印刷机，"从而取代了四个半世纪以来的古登堡木刻印刷"。[2] 其后，引进了较为便宜的木浆材料纸张，使得高速印刷机的连续印刷成为可能。[3] 伴随着读者受众的扩大

---

[1] Lucy Newlyn, *Reading, Writing, and Romanticism: The Anxiety of Reception*, OUP Oxford; Revised ed.2003, p.1.

[2] 尤尔根·哈贝马斯著：《公共领域的结构转型》，第222页。

[3] Bob Clarke, *From Grub Street to Fleet Street*, p.266.

以及新的印刷出版技术的运用，19 世纪初，格拉布街新闻出版产业发生了巨大转变，报刊发行量有了巨大的增长。1795年，《晨邮报》（The Morning Post）的发行量每天只有 350 份左右，而到 1803 年其发行量增长到每天 4500 份左右；1792年，创办之初的《信使报》（The Courier）发行量每天约 1500份，而在 1796 年其发行量则增长到每天 7000 份。[①] 发行量的扩大极大地促进了格拉布街报刊广告的刊登，早在 1770 年《公共广告人》（Public Advertiser）的平均日发行量约为 3133份，一年大约刊登了 23612 条广告，获利 2223.9 镑；1769 年建立的《记事晨报》（Morning chronicle），到 1819 年共刊登了41067 条广告，从中获利 12421.186 镑。[②] 发行量的扩大以及广告的刊登使得办报有利可图，于是便出现了一大批报刊，在格拉布街，诸如《卫报》（The Guardian）、《星期日泰晤士报》（The Sunday Times）、《观察家报》（The Observer）、《伦敦旗帜晚报》（London Evening Standard）等一些知名报刊均创立于此时期。

发行量的增加以及来自广告的额外收入，大大降低了报刊对政府补贴的依赖，新闻出版业的独立性与日俱增。《晨邮

---

①② Bob Clarke, *From Grub Street to Fleet Street*, pp.96—100.

报》在著名报人斯图亚特（Stuart）的经营下强调经济自立，
其经营理念即为"广告既能增加收入又能吸引读者增进发行，
反之发行的增加又可以吸引更多的广告"[1]。《泰晤士报》[2] 在
1803 年的日均发行量只有 1700 份左右，而到了 1830 年代增
加到 15000 份，随即"宣布不再接受政府来源的信息，因为
这与他们的荣誉和独立是不相符的"。[3] 随着经济实力的提升，
街道新闻版业的产业化有了极大发展，现代新闻董事制度的建
立，专业的新闻记者和文字编辑的雇用，业主也多不再担任总
编，职权明确的专业分工在这一时期发展起来，新闻出版产业
逐渐走向专业化。

　　新闻出版业的独立性以及专业化程度的日益提高，为政治
批判的开展奠定了基础。于是，行业开始表现出巨大的影响
力，表现最明显的当属《泰晤士报》。1819 年该报对彼得卢惨
案（Peterloo Massacre）[4] 的报道引起了巨大反响。民众把《泰

---

[1] 张允若、高宁远：《外国新闻史新编》，第 31 页。

[2]《泰晤士报》运用新的技术和体制，依靠广告和发行量迅速提升充分自
立，完全割断了和政府的联系。详见：启林、姬琳：《新世纪的分水岭——
1800—1860 年的英国新闻业》，《国际新闻界》2002 第 5 期，第 77 页。

[3] *The Times*, 26 December 1834.

[4] 1819 年 8 月 16 日，6 万人在曼彻斯特圣彼得广场和平集会要求进行议
会改革，政府出动民团和骑兵镇压，群众死 11 人，伤 600 人，史称"彼得
卢惨案"。

晤士报》当作传达自己声音的传话筒 ① 和 "英国都市社会的见证人"，当对抗强力的对手时其会变得更加强力。② 就连美国总统林肯也说："伦敦的《泰晤士报》是世界上影响最大的报纸，据我所知，除了密西西比河以外，再没有比它更有力量的东西了。"③ 主编巴恩斯（Thomas Barnes）更是被称作 "英国最有权力的人"。④ 另外，在工业革命期间对议会进程的报道取得了突破性进展，1769 年创立的《记事晨报》由于迅速报道国会新闻而为社会所瞩目，⑤ 社会重新掀起了对于议会报道的热潮。议会被迫逐渐放宽限制，1803 年，议会允许记者到后排旁听，1831 年正式在议会大厅设立记者席，1862 年通过法案，承认记者报道议会新闻及批评议会不属于诽谤罪。⑥ 实际上承认了公众对议会内容的知情权。

　　在工业革命的推动下，新闻出版业逐步转型，走向现代化，在 19 世纪末，现代意义上的舰队街逐步成型。

---

　　① Oliver Woods and James Bishop, *The Story of The Times*, London: Miehael Joseph, 1985, pp.26—27.

　　② *Edinburgh Review*, May 1823.

　　③ John C. Merrill and Harold A. Fisher, *The World's Great Dailie; Profiles of Fifty Newspapers*, NY: Hastings House, 1980, p.324.

　　④ *The Greville Memoirs*, 19 November 1834.

　　⑤ 张允若、高宁远:《外国新闻事业史新编》，第 31 页。

　　⑥ Bob Clarke, *From Grub Street to Fleet Street*, p.237.

自从知识税（Tax on Knowledge）在英国 ① 颁布以来，刊物为降低售价扩大发行量而纷纷逃税。至 1836 年 2 月逃税刊物发行量首次超过纳税刊物。② 政府一再查禁效果不佳，被迫开始削减知识税。19 世纪中后期，随着知识税减少和废除加之市场不断扩大，英国兴起了一个创建报刊的高潮③。在 40年代，出现了《劳埃德周报》（*Lloyed Weekly*）、《雷纳德的周报》（*Reynolds's Weekly Newspaper*）以及《世界新闻报》（*News of the World*）等著名报刊，与此同时，还出现了《伦敦新闻画报》（*The Illustrated London News*）以及《画报》（*Pictorial Times*）等新形式的插图报。1855 年印花税的废除对于报刊发展影响亦是深远，无印花税报刊生产成本只有一便士，这样便能够被各阶层的民众所承担，印刷商也不必因为印花税的申请而将连续的报刊内容分成许多单页，给新技术的充分利用提供

---

① 知识税（Tax on Knowledge）是在 1712 年英国国会在托利党人操纵下通过法案，规定对所有报刊一律征收印花税，同时对报刊使用的纸张征收纸张税，刊登的广告征收广告税，以及后来出现的报纸副刊税等，统称为知识税。知识税开征以后许多报刊不堪重负，被迫停刊。详见：Bob Clarke, *From Grub Street to Fleet Street*, pp.48—49。

② 张允若、高宁远：《外国新闻事业史新编》，第 32 页。

③ 全国报刊的数字，1851 年为 563 家；1862 年报纸 1165 家，杂志 213 家；1880 年报纸 1986 家，杂志 1097 家；1990 年报纸 2234 家，杂志 1778 家。参见：张允若、高宁远：《外国新闻事业史新编》，第 31 页。

了空间。仅在 1855 年便有几家便士报创建，其中最为著名的便是亚瑟·斯里上校（Arthur Sleigh）的《每日电讯报》（*Daily Telegraph*），其后直到世纪末，街道陆续出现了《派尔-麦尔公报》（*The Pall Mall Gazette*）、《星报》（*The star*）、《每日邮报》（*Daily Mail*）以及插图报刊《图像》（*Graphic*）、《便士画报》（*Penny Illustrated Paper*）等众多知名报刊杂志。不仅如此，知识税取消之后，在消费文化的主导之下，19 世纪中后期的刊物，为了吸引更多的读者，内容力求多样，这些报纸的内容贴近普通人的生活，文字通俗，价格低廉内容丰富，与之前政治内容为主的刊物大有不同。其中最早的是《世界新闻报》，该刊物以大众贫民为主要发行受众群体，贯彻煽情主义方针，在八个版本的报刊篇幅中，涉及国内外以及文学和警察局消息等多种新闻领域。[1] 其后，随着新新闻运动的推动，为适应大众生活需要，很多刊物的新闻内容便更加的多样化。[2] 报刊逐步向大众化民主化的方向发展。

工业革命的结束并没有影响格拉布街新闻出版产业的发

---

[1] Brian Douglas Lake, *British Newspapers: A History and Guide for Collectors*, London: Sheppard Press, 1984, p.69.

[2] 像《每日邮报》《旗帜晚报》等均是报刊大众化，内容丰富多样的代表，就连《泰晤士报》在这一时期也开始改变策略，内容开始多样化。详见：D. Griffiths, *Fleet Street: Five Hundred Years of the Press*, London: British Library, 2006。

展势头。19世纪后期，借着第二次工业革命的新技术的推动，新闻出版产业持续发展。60年代，哈特斯利排版机的出现实现了新闻出版产业的机械化，到八九十年代整行的铸排机出现并被广泛应用。[1] 这对扩大发行量有着极大的帮助。通讯技术的发展亦起到了至关重要的推动作用。火车在1876年得以使用，这使得伦敦的报纸得以成为全国性的报纸。电报、电话的发明以及诸如路透社之类的新闻机构的建立，使得无论国际还是国内的信息都能够便宜的获得，小册子的信息到达报社以惊人的速率增长着，使得报纸在印刷的帮助下版面得以扩大，能够容纳更多的信息，新闻组织的专业化和大量的材料结合在一起。[2] 总之，这些新的技术的运用极大地推动了街道新闻出版产业的发展。

凭借着这些新技术的推动，报刊产量逐步增加，民众知识水平的不断提升使得发行市场也稳步扩大，报刊的发行量不断上涨。其中最为显著的是《每日电讯报》，这一报刊被约瑟夫·摩西·莱维（Joseph Moses Levy）接管后，价格降为一便士。降价产生了显著效果，到1856年的7月其日均发行量已达27000份，超过了其他的伦敦日报，1860年，日均发行

---

[1] 詹姆斯·卡瑞、珍·辛顿著，栾轶玫译：《英国新闻史》，清华大学出版社2005年版，第24页。

[2] Bob Clarke, *From Grub Street to Fleet Street*, p.254.

量达到 147000 份，超过了《泰晤士报》和其他日报的总和，
1880 年，日均发行量更是达到了 250000 份，[1] 成为世界上发
行量最大的报刊。其他报刊的发行量亦较为可观，1881 年，
创立之初的《珍闻》(*Tit-Bits*) 的周发行量就能达到 700000
份左右；1888 年创立的《星报》亦能有日均 142600 份的发
行量。[2]

　　随着发行量的增长，报刊作为舆论监督工具的影响力亦不
断扩大。新闻出版的力量愈来愈能影响大众以及议会。《派尔-
麦尔公报》的记者威廉·托马斯·斯特德（William Thomas
Stead）认为出版业应该成为"改革的发动机"，并且认为"编
辑是教育民主的无冕之王"，其曾利用出版界权威迫使议会改
变立法。[3] 在这种情况下，甚至连英国的当权者都感到害怕。[4]
斯特德曾发表文章说："我虽然是一个比较年轻的新闻记者，
但我已经觉察到了内阁的不安，因为……行动的通过，将军的
提名，政府官员的解雇，军队的调动，战争的宣布和避免等等

---

① Bob Clarke, *From Grub Street to Fleet Street*, p.254.

② Bob Clarke, *From Grub Street to Fleet Street*, pp.262—263.

③ 斯特德曾经利用《伦敦郊外的凄泣》(*The Bitter Cry of Outcast London*)
来揭露贫民窟和拥挤的城市贫民的状况，迫使皇家委员会开始关注住房问
题。详见：Bob Clarke, *From Grub Street to Fleet Street*, p.259.

④ Bob Clarke, *From Grub Street to Fleet Street*, p.266.

都以报纸为中介"。[①]19世纪末，随着新闻出版业的发展，从处处受政府的压制到发挥其强大的"第四等级"的力量，英国报刊经过两个世纪的发展最终形成了完善的现代报刊产业。

20世纪初，北岩勋爵掀起的报业革命改变了英国报纸的编辑和组织方式，将英国报业带入真正大众化的报刊时代。报刊开始把握刊物的读者群体，挖掘商业潜力。在报刊产业结构变化的过程中，首先受到冲击的地方报刊，到第二次世界大战结束时，地方报刊已经严重萎缩，与此同时，在激烈的市场竞争中，众多报刊纷纷退出市场，取而代之的是不断崛起的报业巨头。

随后，英国报业就经历了大规模的倒闭和兼并，1910年，北岩、皮尔逊再加上乔治·凯德帕里三位报刊巨头占有当时报刊总发行量的三分之二。[②]1916年《旗帜报》(Standard)倒闭，1937年《晨邮报》被《每日电讯报》兼并，一些著名的报刊像《每日新闻》(Daily News)、《广告人晨报》(Morning Advertiser)、《派尔-麦尔公报》、《威斯敏斯特公报》(Westminster Gazette)在一系列的运作中消失。据统计1921

---

① William Thomas Stead, Government by Journalism, *The Contemporary Review*, vol. 49 (May, 1886), pp.653—674.

② J. Wiener, *The Americanization of the British press, 1830s—1914: Speed in the Age of Transatlantic Journalism*, Basingstoke: Palgrave Macmillan, 2011, p.187.

年到 1936 年，有 30 份全国性报刊消失。[①] 这一时期出现了像罗瑟米尔报团、比维布鲁克报团等，其后第二次世界大战期间又出现了贝里兄弟报团和奥德·哈姆斯报团等。

第二次世界大战期间由于受到战争政策的限制，报刊版面受到了限制，报刊虽然取得了一些发展，但是直到战争结束英国报刊的发展才逐渐重回正轨。在这种状态下，新一轮的报刊兼并浪潮开始了，1960 年，《新闻纪事报》和《明星晚报》（*The Evening Star*）被罗瑟米尔报团收购，分别合并进了《每日邮报》和《新闻晚报》（*The Evening News*）之中。1948 年，比维布鲁克报团、罗瑟米尔报团和凯姆罗斯报团占据着英国报刊发行市场的 43% 的份额，而到 1961 年，前三位的每日镜报集团、罗瑟米尔报团以及比维布鲁克报团则占有 65% 的市场份额。[②] 第二次报刊兼并浪潮见证了报业巨头的兴衰，很多老巨头衰落，被新的报业巨头代替，其中最为出名的就是默多克报业集团在这一时期形成。

在经历了 20 世纪前中期的发展之后，随着新媒体的兴起，20 世纪 80 年代英国报纸销售数量开始呈现下滑趋势。据统计，自 1985 年至今，英国日报和星期日日报的销售量已经

---

① 凯文·威廉姆斯著、刘琛译：《一天给我一桩谋杀案：英国大众传播史》，上海人民出版社 2008 年版，第 87 页。

② D. Griffiths, *Fleet Street: Five Hundred Years of the Press*, p.335.

下降到 41%。老一代读报民众逐步消失，而年轻人则对于通过报刊获得休闲和知识的方式不感兴趣，到 21 世纪各大报纸的销售量都呈现出了明显的下滑趋势。随着这种趋势的发展以及免费报纸的出现，严重冲击了英国报刊市场，越来越多的人认为小报化改革是刺激高级报纸发行量的最佳途径，一些著名的报刊，像《独立报》(*The Independent*)、《泰晤士报》、《太阳报》(*The Sun*)、《每日镜报》(*Daily Mirror*)等纷纷进行小报化改革。在小报化改革的影响下，当今的英国报刊可以粗略分为三大类：以《每日电讯报》为代表的传统大报，以《每日镜报》和《太阳报》为代表的小报以及像《泰晤士报》《卫报》《独立报》等为代表的紧凑型报纸和柏林报纸。[1]

第二节　工业革命时期英国报刊发展

工业革命阶段是英国社会转型的重要时期，社会变革的同时报刊出版业亦开始向现代报刊业转变，毫无疑问，两者有着重要联系。英国报刊史研究中，报刊与政治关系的探究最早遵循"压制反抗"模式[2]，然而这一进步主义阐释模式忽视了报刊

---

[1] 陈力丹、董晨宇：《英国新闻传播史》，第 246 页。
[2] "压制反抗模式"是基于传统报刊史的进步主义阐释模式，以冲突论和进步论来解释，认为报刊史是报刊为争取出版自由，与各种控制势力不断斗争取得胜利的过程。

的主动性。其后，阿瑟·阿斯皮纳尔在其论著中认为，工业革命时期的报刊是由"腐败"的泥潭走向了"光荣"的独立 ①，其中最为学者所熟知的是，认为工业革命前期报刊为求得生存接受保守政府津贴控制而陷入腐败泥潭，然而此观点主要基于作者对一些官方书信的阐释，缺乏全面把握。而工业革命中后期报刊的自由独立中，将 1836 年报刊税的降低视为报刊自由的里程碑的说法，也是英国报刊史研究中长期争论的问题，亦有待探讨。20 世纪七八十年代，随着历史研究的文化转向，詹姆斯·威廉·卡瑞（James William Carey）对进步主义阐释模式提出批判，指出报刊史是一种文化史，认为进步主义模式忽视了报刊、报人的主动性，强调报刊与社会、政治、经济、文化的互动。② 随之产生了大量工业革命时期报刊与社会变革的研究著述。③ 由此而言，工业革命时期的报刊发展是基于当时社会

① Arthur Aspinall, *Politics and The Press, 1780—1850*, London: Home & Van Thal, 1949.

② 参见 James W. Carey, *The Problem of Journalism History*, Journalism History, 1974, 1（1）。

③ 报刊对政治的影响：Michael J. Murphy, *Cambridge newspapers and opinion, 1780—1850*, Cambridge: Oleander Press, 1977. Aled Jones, Powers of the press: newspapers, power and the public in nineteenth-century, Routledge, 1996. Donald Read, *Press and People, 1790—1850: Opinion in Three English Cities*, Ashgate Publishing Limited, 1996. Martin Conboy, *Journalism: A Critical History*, London: Sage, 2004. Mick Temple, *The British Press*, Open University Press,（转下页）

变革的背景，社会变革中报刊在与社会经济、政治、文化的互动中，逐步发展转型，开始表现出巨大的影响力。

一、报刊发展背景

19世纪，工业革命在英国如火如荼地进行着，这一过程中社会发生了巨大变化。工业革命首先引起的社会变化是工业化，在这一时期英国在技术改造和创新上一直处于领先。据统计，在1800年的78个世界上重要发明中，42个发生在英国，36个出现在欧洲大陆和美国。[①]

新技术和发明的出现首先极大地推动了英国机器制造业的发展，使得机器制造成了主要的工业部门。[②] 与此同时，随着工厂制度的确立和蒸汽动力机械设备的广泛运用，劳动技术不

（接上页）2009. 社会政治对于报刊的影响：Stephen Koss, *The Rise and Fall of the Political Press in Britain*, London, 1984. Karl Schwelzer, Jeremy Black, *Politics and The Press in Hanoverian Britian*, Lewiston, N.Y.: Published on behalf of Bishop's University by E. Mellon Press, 1989. 报刊与政治互动的研究：Arthur Aspinall, *Politics and The Press, 1780—1850*, London: Home & Van Thal, 1949; Hannah Barker, *Newspapers, Politics and English Society, 1695—1855*, London: Langman, 2000; Geoffrey Alan Cranfield, *The Press and Society: from Caxton to Northcliffe, Routledge*, 2016.

① Francois Crouzet, *The Victorian Economy*, London: Methuen, 1982, p.49. 转引自钱乘旦等：《英国通史》第5卷，江苏人民出版社2016年版，第23页。

② 详见钱乘旦等：《英国通史》第5卷，第24页。

断进步，生产率不断提高。工厂制度形成于 18 世纪，从 1771
年，阿克莱特建立第一个克朗福德工厂开始，据估计，1787
年英国有水力纺纱厂 143 家，1795 年则有 300 家，1797 年水
力纺纱厂和使用混成式纺织机的棉纱厂共有 900 家，1833 年
有 1125 家，到 1850 年，则有 1407 家。[①] 蒸汽动力在工业革
命期间开始大规模的应用，在整个 19 世纪，纺织、制练、机
器制造、造纸、玻璃、制鞋和整个消费品工业基本上都完成了
工厂化。[②] 与此同时，在新的技术和制度的推动下劳动生产率
也成倍递增，1823 年前后，动力织机和手动织机的速度比为
7.5∶1。曾有人估计，1827 年某一纱厂的 750 名工人可生产相
当于 20 万手工纺纱工的产品；一个男童和一个男童操作的印
花机可以代替 100 个手工印花工；而织网机可取代 2000 个手
工枕头花边工，后来则增加到 10000 个。[③]

　　工业化所带来的首先是产业结构上的巨大变化，据统计，
1750 年，英国的农业人口占总人口的 60%—70%，[④]1801 年，农
业劳动力的比例为 35.9%，到 1841 年和 1861 年直接下降到 22.2%

---

　　① 钱乘旦：《工业革命与英国的工人阶级》，南京出版社 1992 年版，第
12 页。

　　② 钱乘旦等：《英国通史》第 5 卷，第 24 页。

　　③ 钱乘旦：《工业革命与英国工人阶级》，第 16 页。

　　④ Phyllis Deane, *The First Industrial Revolution*, Cambridge University Press,
1986, p.14.

和 18.7%，同时，制造业以及矿业和工业的劳动力比例从 1801 年的 29.7% 上升到 1941 年的 40.5%，1861 年则上升到 43.6%。[1]

伴随着工业化的是城市化进程，工业革命之前英国还是一个乡村社会，到 19 世纪中期英国已经是一个都市社会，18 世纪中期，集中生活在 5000 人以上的城市人口比例不到 16%，到 1841 年比例已达到 60%。1841 年到 1851 年间大约有 180 万人涌入大城市。[2] 到 19 世纪中叶，第一次工业革命基本完成，1856 年，英国劳动力中有近三分之一从事制造业；19 世纪末，全国约四分之三的人口已经居住在城市，[3] 根据人口普查，从 1801 年到 1851 年，牛津的人口翻了一番，从 1.2 万人增加到 2.8 万人；已经成为铁路中心的约克，从 1.7 万人增加到 3.6 万人；从 1820 年到 1830 年，仅仅十年的时间，利兹、曼彻斯特、谢菲尔德以及伯明翰的人口增长率达百分之四十以上。[4] 到 19 世纪 50 年代工业革命完成时期，英国完全已经是

[1] Maxine Berg，*The Age of Manufactures Industry Innovation and Work in Britain 1700—1820*，Fontana Press, 1985, p.46. 可参见钱乘旦等：《英国通史》第 5 卷，第 26 页。

[2] Phyllis Deane, *The First Industrial Revolution*, Cambridge University Press, 1986, p.278.

[3] 钱乘旦等：《英国通史》第 5 卷，第 22 页。

[4] 阿萨·勃里格斯著、陈叔平等译：《英国社会史》，中国人民大学出版社 1991 年版，第 236 页。

一个工业化、城市化国家。

在产业结构发生变化的同时，政治也渐趋民主化，工业资产阶级在控制国家经济命脉的同时，开始向土地贵族夺取国家政权，因此引起了国家的政治民主化改革。从18世纪末开始，以法国大革命为起点，英国陆续开始关于政治改革的实践，发生了诸如激进运动、议会改革运动以及宪章运动等一系列政治民主化改革的运动。伴随着卢德运动、反对谷物法运动以及反对新济贫法运动等社会运动，英国的贵族政府不断向大众妥协，社会朝着民主化的方向不断前行。经过1832年、1867年和1884年的三次议会改革，英国的男性获得了普选权。

工业化和城市化以及政治的民主化，势必对英国的报刊产生重要影响。在技术条件、交通通讯设施的支撑以及政治环境不断宽松的状况下，报刊产业开始取得巨大的发展，开始成为名副其实的"第四等级"监督批判机构。

二、保守政府针对报刊出版的措施

工业革命的开始推动英国社会经济快速发展，然而初期的经济发展并没有对上层建筑产生立竿见影的影响。1760年，乔治三世即位后个人统治开始加强，托利党寡头统治迅速建立，尽管小皮特试图进行渐进改革，但是法国大革命的发生打断了这一进程，英国政治日趋保守，一直到1830年，被称为工业革命时代英国政治的保守时期。此时期，英国呈现一幅奇特景象，即保守主义的政治与快速发展的经济同行。保守时期，法国大革命的发生催动英国激进运动，大量激进报刊出现大力宣传改革思想，但好景不长。随着反法战争的开始，政府为稳定国内外局势，以更趋保守的政策大力限制报刊舆论，直接限制主要表现为税收和立法两方面，间接限制则形式多样，包括各种津贴以及发行设障等。

首先，报刊税一再上调。自 1712 年起，报刊税一直是政府控制报刊的重要手段。18 世纪末 19 世纪初，尤其是法国大革命时期，政府不断增加税额，以强化控制，减少不利舆论。1712 年每张报纸缴纳印花税半便士或一便士，1757 年一便士，1776 年一个半便士，1789 年两便士，1797 年增加到三个半便士，1815 年则高达四便士；广告税 1712 年一先令，1780 年两先令六便士，1789 年为三先令，1815 年提高到三先令六便士。[1] 报刊税确实是报刊发展的一大负担，1811 年，约有 24422000 份报刊缴纳了印花税，1821 年，约有 24862000 份，《泰晤士报》每年要支付 70000 英镑的重额税收，为应付税收不得不在刊物中大量增加广告。[2] 阿斯皮纳尔认为，报刊

---

[1] Jeremy Black, *The English Press, 1621—1861*, Sutton Publishing, 2001, p.166.
[2] Arthur Aspinall, *Politics and The Press, 1780—1850*, p.23.

税尤其印花税限制了报刊发行，阻碍民众从事报刊业，除非他们受到政府和反对党派支持，更指出，印花税增加直接导致《英国出版报》（*British Press*）、《旅行者》（*Traveller*）、《代表》（*Representative*）、《早报》（*Morning Journal*）的消失。①

其次，立法诉讼。法律法规也是政府控制报刊的重要手段，英国 17 世纪便出台过《出版许可法》。18 世纪到 19 世纪，对英国报刊出版业造成极大威胁则是《煽动诽谤法》（*Seditious Libel Law*），当政府认为出版物对统治者含有憎恨和蔑视行为之时，都会被定义为煽动诽谤罪而起诉。被起诉对象广泛，从印刷出版的发行商到销售阅读的小贩和读者等，都可能成为被起诉对象。

18 世纪末，"威尔克斯事件"和"朱尼尤斯事件"对煽动诽谤罪产生冲击，因《公共广告人》引发的案件最终催生了《1792 年诽谤法案》（*Libel Act 1792*）。此法规，一方面维护甚至加强了对诽谤作者进行追究的权利；另一方面抛弃了曼斯菲尔德制度②，给予印刷商和作者切实保障。法案的通过似乎标志着英国报刊自由的进步，但政府政策却因反法战争而逐渐收紧，1795 年，掌玺大臣艾尔登（Eldon）勋爵宣称："两年

---

① Arthur Aspinall, *Politics and The Press, 1780—1850*, p.23.

② 英国大法官曼斯菲尔德（Mansfield）认为，法院有权判定罪行，陪审团无权，此前关于煽动诽谤的判定一直遵循此准则，被称为曼斯菲尔德制度。

多以来因诽谤起诉的案件比前二十年的总和还要多"。[1] 同时，相关报刊特别法也出现，1798 年特别法，直接针对"身份不明者印刷出版的报刊"，规定，印花纸张只给予政府了解的印刷出版者，报刊必须有印刷及出版商的姓名和地址，印刷、发行、购买无印花报刊，每张处罚 20 英镑，甚至贩卖被认定为煽动性报刊的男孩也可以被送进监狱，严苛程度可见一斑。1799 年，出台登记制度以压制激进社团，要求书籍、小册子的报纸出版者和印刷者的姓名和地址必须登记，违规每份罚款 20 英镑，治安官有权逮捕贩卖和发行未载有相关信息的报刊的人员。还规定，未经法院许可，任何地方不能用作演讲厅、辩论厅或阅览室，若商店中发现煽动性报刊，治安官有权吊销营业执照。1819 年，"彼得卢惨案"（Peterloo Massacre）后政府通过"六项法案"，鉴于报刊对事件报道产生的舆论影响，其中《亵渎和煽动诽谤法》（Blasphemous and Seditious Libels Acts）和《出版法》（Publications Libels）专门针对报刊等出版物，前者扩大主管部门检查和收缴诽谤材料的权利，后者放宽报纸界定，开始针对观点和新闻征税。[2] 法案规定，报刊发

---

① 乔治·维尔著，康志洪、王海译：《世界报刊史——报刊的起源、发展与作用》，科学出版社 2018 年版，第 90 页。

② Martin Conboy, *Journalism: A Critical History*, 2004, p.102; Jeremy Black, *The English Press 1621—1861*, p.168.

行前必须向政府支付 200—300 英镑，还对报刊价格和发行时间甚至版面大小做出详细规定，使得威廉·科贝特（William Cobbett）等发行的类似小册子列入报刊范畴，以最大程度限制政治报刊和小册子。

其次，法规压制下确有许多报人被起诉甚至逮捕。18 世纪末，立法诉讼威胁极大，1792 年，《阿格斯》（*Argus*）的编辑为逃避煽动诽谤起诉逃离英国，《曼彻斯特先驱报》（*Manchester Herald*）印刷商福克纳（Faulkner）和伯奇（Birch）因五次收到威胁信息被迫逃离英国。[①]19 世纪初，被起诉甚至逮捕者有增无减，1809 年，科贝特因一篇内容为利用德国雇佣军鞭打当地叛乱民兵的文章涉嫌诽谤，被判两年徒刑并处以 1000 英镑罚款。[②]1812 年 12 月《考察者》（*Examiner*）的约翰·亨特（John Hunt）和李·亨特（Leigh Hunt）被指控诽谤摄政王，被判处两年徒刑并罚款 500 英镑。[③] 1816 年《诺丁汉评论》的查尔斯·萨顿（Charles Sutton）被判处一年监

---

① Hannah Barker, *Newspapers, Politics and English Society, 1695—1855*, pp.69—73.

② Jeremy Black, *The English Press 1621—1861*, p.167.

③ A. Andrews, *The History of British Journalism: From the Foundation of the Newspaper Press in England, to the Repeal of the Stamp ACT in 1855*, Vols 1 and 2, London: Routledge, 1998, p.73.

禁，并被处以 500 英镑的罚款。^①1823 年，《星期日泰晤士报》的老板因为声称乔治四世精神失常而被罚款 200 英镑，监禁三个月，并必须提供 2000 英镑的保释金。^②

法规对报刊的贩卖和购买者亦构成威胁，一位埃克塞特改革者詹姆斯·塔克（James Tucker），冒险开了一家出售政治小册子的商店，当他被捕时，他只卖出了很少，事实上，不是因为卖小册子，而是因为没有支付早些时候因无证销售苹果酒而征收的罚款，他被市长关进监狱，支付了 10 基尼的罚款后才得以出来，市长试图说服他不要销售激进报刊。^③ 1819 年，托马斯·沃尔（Thomas Wooler）报道说，埃克塞特的一名鞋匠仅是店里张贴了宣传《黑矮星》(*Black Dwarf*) 和《舍温的政治纪事》(*Sherwin's Political Register*) 的广告，第二天便被警员带走，市长当面警告如果再犯将会严惩。^④ 从 1830 年开始，仅针对《贫民卫报》(*Poor Man's Guardian*)，三年半的时间里约有 500 名商贩和相关人员被捕。^⑤

除上述直接控制外，还有诸如津贴、广告、邮政系统操纵以及特权情报的使用甚至利用教会等限制方式。

---

①② Jeremy Black, *The English Press 1621—1861*, p.168.

③④ Arthur Aspinall, *Politics and the Press, 1780—1850*, p.54.

⑤ Bob Clarke, *From Grub Street to Fleet Street: an Illustrated History of English Newspapers to 1899*, London: Ashgate, 2004, p.235.

首先，津贴制度。政府为控制舆论加强宣传，用大量金钱
收买报刊和报人，久而久之在政府财政中形成固定支出，被称
为"秘密津贴制度"。18 世纪早期，沃波尔政府便将报刊津贴
运用到了极致，1731 年到 1741 年期间支出约 50000 英镑。18
世纪末，津贴制度依旧盛行，据英国特情局账目记录，小皮特
上任第一年，就曾给予五份报刊每份 100 英镑的补贴。账目表
显示，1788 年到 1893 年，英国政府对报刊出版业的津贴支出
每年不少于 5000 英镑，其中一些领取津贴的报刊如下 [①]：

报　刊	津贴（英镑）
Diary	400
London Evening Post	200
St. James's Chronicle	200
Public Ledger	100
Whitehall Evening Post	200
Morning Herald	600
World	600
Oracle	200
Times	300

---

① 小皮特政府给予的五份报纸，其中三份日报，分别是《大众纪事
报》(*Public Ledger*)、《伦敦晚报》(*London Evening Post*) 和《先驱晨报》
(*Morning Herald*) 和两份周刊 [《白厅晚报》(*Whitehall Evening Post*) 和
《圣詹姆斯纪事报》(*St. James's Chronicle*)]，关于补贴具体参见 Arthur
Aspinall, *Politics and The Press, 1780—1850*, p.68.

　　19世纪初，津贴依旧盛行。1804年，爱尔兰特勤局的收据证明，至少有六份爱尔兰报刊得到了政府津贴。1812年到1818年，罗伯特·皮尔担任爱尔兰秘书时，《都柏林通讯员》(*Dublin Correspondent*) 和《爱国者》(*Patriot*) 每年得到500英镑，《都柏林日报》(*Dublin Journal*) 300英镑，甚至几位报刊业主都有100—300英镑的个人津贴。[1] 臭名昭著的记者刘易斯·戈德史密斯（Lewis Goldsmith）[2] 返回英国后创办《反高卢监察报》(*Anti-Gallican Monitor*) 和《反科西嘉纪事报》(*Anti-Corsican Chronicle*) 支持英国政府。政府曾多次给予戈德史密斯津贴，1811年和1812年各1200镑，1813年500英镑，1814年300英镑。[3] 政府的这些津贴或者用于支持亲政府报刊，或者用于拉拢相关报刊和报人，以控制报刊舆论。

　　其次，18世纪末19世纪初，广告补贴更为普遍。广告是报刊的重要收入来源，政府的广告投放实质上成为变相补贴。法国大革命初，伦敦的警察局每年的报刊广告花费都超过

---

① Arthur Aspinall, *Politics and The Press, 1780—1850*, p.117.

② 刘易斯·戈德史密斯（Lewis Goldsmith）先是在法国创办《阿格斯》(*Argus*) 支持拿破仑，其后又被英国政府收买反对拿破仑，其后又返回法国，因其摇摆不定而臭名昭著。

③ Arthur Aspinall, *Politics and The Press, 1780—1850*, pp.91—92.

450英镑，1816年，海军办公室广告支出为1200英镑，1822年，邮局办公室广告支出为550英镑，此时期政府每年报刊广告支出超过5000英镑，与直接津贴相当。[①]苏格拉和爱尔兰亦是如此，苏格兰几乎所有广告都被限制在亲政府的《古兰特》(Courant)和《苏格兰水星报》(Caledonian Mercury)上。爱尔兰则直接设立"公告基金"(Proclamation Fund)发放津贴。自并入英国到1821年，爱尔兰用于报刊抚恤和支持的资金每年达10500英镑，政府喉舌《都柏林公报》得到其中的3000—3500英镑。[②]不遵从政府的报刊则受到政府广告的歧视和撤销威胁，如坎伯兰郡曾发布教堂建设招标广告，尽管招标困难，相关人员依旧坚持只能插入亲政府报刊中。1800年，科贝特因与邮局的冲突，导致其《豪猪》(Porcupine)被邮政总局局长剥夺了相关广告；1805年，《泰晤士报》与阿丁顿集团(Addington group)发生争执后，暂时失去了政府广告。

除此之外，通过邮政系统阻碍报刊发行，为亲政府报刊提供早期情报，甚至通过安息日宗教习俗来约束报刊，也都是控制报刊的手段。1796年，印花税代替邮费后邮局免费运送报刊，但科贝特指出对于反对政府的报刊邮局不予运送。《泰晤

---

① Arthur Aspinall, *Politics and The Press, 1780—1850*, p.133.

② Arthur Aspinall, *Politics and The Press, 1780—1850*, pp.134—147.

士报》也多次投诉邮局故意推迟大陆通讯社派送的邮件，约翰·沃尔特二世（John Walter II）1810年抱怨说"格雷夫森德的政府官员经常询问外国船长，以确认并扣留《泰晤士报》的文件"。① 政府官员还通过早期情报来支持亲政府报刊，如《神谕》（Oracle）、《公共广告人》、《太阳报》、《真正不列颠人》（True Briton）等报刊经常能得到官员提供的早期情报，科贝特戏称《真正不列颠人》为"完成财政部日常课程"的报刊。② 宗教习俗也被用来限制报刊，宗教虔诚人士认为周日销售报纸，亵渎了安息日，败坏了宗教道德。1799年，贝尔格莱夫勋爵提出一项"禁止周日报纸销售和发行"的法案，授权教堂管理员和警员逮捕周日报纸贩卖者，经裁判官定罪后可入狱。③

工业革命前期，保守政府通过官方和非官方的诸多措施，削弱报刊独立性，以达控制目的，加之新的技术并未及时运用到报刊出版业中，确实使得一些报刊举步维艰。按照阿斯皮纳尔的说法，此时期的报刊为求得生存接受政府津贴，陷入了"腐败的泥潭"。但这种观点主要基于官方的书信，未能全面把握当时报刊的情况，仔细分析其实并非如此。

---

① Hannah Barker, *Newspapers, Politics and English Society, 1695—1855*, p.93.

② Arthur Aspinall, *Politics and the Press, 1780—1850*, p.183.

③ Arthur Aspinall, *Politics and the Press, 1780—1850*, p.15.

三、政府措施的失效与报刊发展

尽管政府的控制措施达到了部分目的，津贴诱惑下一些报刊投向政府怀抱，严厉的法规威胁报人人身安全。但总体而言，实际控制效果有限。一方面，相关的法规落实困难，实施效果差；另一方面，所谓上有政策下有对策，报人采用了多种应对策略。

第一，官员意见不一相互扯皮，诉讼定罪困难。早在"威尔克斯事件"中，下议院中，诺斯（North）勋爵极力促成下议院谴责报刊并支持司法机构追究威尔克斯责任，但威廉·皮特并不认同。下议院和伦敦市之间也陷入争斗，下议院驱逐威尔克斯，两次取消其议员资格，而伦敦市先后任命威尔克斯为市参议员、执法官和市长，最终威尔克斯被伦敦市参议会宣布无罪释放。[①] 1771 年，"朱尼厄斯事件"中针对亨利·桑普森·伍德福尔的诉讼，又引发了议会与伦敦市的冲突，为保护印刷商，伦敦市市长和参议员甚至一度入狱。[②] 尽管首席大法官曼斯菲尔德一度重申煽动诽谤制度，指出决定是否构成诽谤罪的权力只属于法官，陪审团无权决定。但查尔斯·詹姆士·福克斯

① 乔治·维尔：《世界报刊史——报刊的起源、发展与作用》，第 45—46 页。

② 乔治·维尔：《世界报刊史——报刊的起源、发展与作用》，第 47 页。

（Charles James Fox）并不认同，在福克斯的努力下，《1792 年诽谤法案》出台，给予陪审团裁决权不再受法官限制，只有经过陪审团定罪才能逮捕，[①] 为报刊从业者提供保障。

尽管法国大革命时期诉讼数量一度上升，但反法战争结束后诉讼效果越来越差。1819 年的《亵渎和煽动诽谤法》规定治安执法官不经审判便可逮捕和拘留煽动性文章的作者和传播者，但诉讼中仍有陪审团的基本保障，这一年针对印刷出版商的 33 次起诉，只有三分之一定罪。诉讼甚至起到反作用，1819 年，威廉·霍恩（William Hone）因《改革者的纪事》（*Reformer's Register*）被起诉，报刊销量大增，霍恩通过印售自己的审判书进一步获利。[②] 同年，赫瑟灵顿在（Hetherington）因出版《贫民卫报》而受到的起诉中获利。[③]《共和报》（*The Republic*）主编卡莱尔同年被起诉，报刊发行量反而超过了平时的 50%，审理卡莱尔案的总检察长曾说，法院的公开审判对诽谤者来说是效果极好的广告。[④] 到 19 世纪

---

① 可参见 Fredrick Seaton Siebert, *Freedom of the Press in England, 1476—1776: The Rise and Decline of Government Control*, Urbana, 1965, p.390。

② William H. Wickwar, *The Struggle for the Freedom of the Press: 1819—1832*, London: Allen and Unwin, 1928, p.58.

③ Patricia Hollis, *The Pauper Press: A Study in Working-class Radicalism of the 1830s*, p.117.

④ 詹姆斯·卡瑞、珍·辛顿：《英国新闻史》，第 7 页。

30 年代，尽管政府对报刊审查依旧，但起诉较少，因为政府发现线人和陪审团都不可靠，且难找证人。据统计，1817 年到 1825 年，诽谤起诉案件约 167 件，而 1825 年到 1834 年，只有 16 件。[1]

第二，逐利冲动下，从报刊出版商到发行商再到小贩都有应对策略。为减少成本，他们逃避税务，声称出版物不是报纸，不印刷在纸张上，《政治引火木》(Political Touchwood) 用刮薄了胶合板印刷，《辉格党的掸子》(Duster for Whigs) 和《政治手帕》(Political Hankerchief) 则印在布面上。[2] 此种方式实际较少，应对措施主要体现在其他方面。针对邮局限制，一些报刊建立了发行网络，科贝特邀请各地城镇和乡村的商店店主担任销售代理，用马车将报刊包裹运送给他们，批发价每 100 份 12 先令 6 便士，代理商每周卖出几百份便足以养活家庭，科贝特说，曾有代理者两到三周便卖出约 1800 份，获利 75 先令。[3]1817 年，威廉·霍恩亦建立代理机构，将《改革者的纪事》刊发到许多地方。[4] 酒馆和咖啡馆为吸引顾客以

---

[1] Hannah Barker, *Newspapers, politics and English society, 1695—1855*, p.67.

[2] Patricia Hollis, *The Pauper Press: A Study in Working-class Radicalism of the 1830s*, p.159.

[3] *Cobbett's Political Register*, 7 December 1816; *Cobbett's Political Register*, 30 November 1816.

[4] *Hone's Reformists' Register*, 19 April 1817.

获得更多利润也会提供报刊。伦敦的一些啤酒屋、酒吧通常会引进两份报刊，平均每家杜松子酒馆都会引进一份报刊。1807年，科贝特指出，啤酒屋中都有报刊，店主明白报刊比啤酒更有吸引力。① 谢拉德街（Sherrard Street）的皇冠咖啡屋（Crown Coffee House）引进了43份报刊，顾客只需一个半便士买杯咖啡就能随意阅读，老板认为每天1500到1800名顾客光顾，重要原因便是报刊。② 1836年，查尔斯·奈特利（Charles Knightley）指出，伦敦每条街上都有咖啡馆，高于三便士的报刊只需一便士的咖啡钱便能阅读。③ 从报刊本身的改造到发行方式的突破，再到公共场所中报刊的提供，目的都是为获得利润，为此出版发行商和代理无不想方设法应对政府限制。

第三，政党报刊难以限制。首先，激进报刊特殊的经济结构和发行方式使得政府压制效果极差。激进报刊不缴纳印花税，创办成本低，19世纪初只需十英镑左右，到1837年，《北极星报》的创办也只花费690镑，而每周运营只需九英

---

① *Cobbett's Political Register*, 2 September 1807.

② 其中一些刊物一般有五六份副本，《纪事晨报》则有八份，除此之外，还有七份地方刊物和六份外国报纸、24份杂志、四份季刊评论和11份周刊。参见 Arthur Aspinall, *Politics and The Press, 1780—1850*, p.28。

③ 据统计，1815年的时候伦敦的咖啡馆不超过12家，而1840年的时候已经增长到1800家左右。详见 Arthur Aspinall, *Politics and The Press, 1780—1850*, p.27。

镑。[①] 在激进人士和工人阶级的支持下，激进报刊建立了庞大的发行网络，他们采取多人集体订阅方式支持报刊发行，不仅如此，激进报刊组织严密，设有"受害者基金"，给予销售无印花报刊的入狱人员家庭以经济援助。[②] 所以成本较低又有工人阶级支持的激进报刊较难限制，对政府冲击较大。政党政治背景下，党派集团亦都有支持报刊。保守时期，托利党政府对报刊的起诉频繁，辉格党亦愈加重视报刊舆论，1810 年，辉格党政治家理查德·布林斯利·谢里丹（Richard Brinsley Sheridan）指出，只要有新闻自由，就可以揭发政府腐败。[③] 辉格党的辩护者亨特兄弟创办《考察者》刊文批判保守主义反动分子和保守党的忠诚拥护者卫理公会教徒。在福克斯等辉格党上层支持下，詹姆斯·佩里收购《纪事晨报》(*Morning Chronicle*)，改造为辉格党机关报，该报在佩里的经营下财务方面取得巨大成功，一直反对政府，但却极少受到起诉。托利党内部不同集团也分别有报刊支持，1804 年到 1806 年，《神谕》和《太阳报》是小皮特的御用报刊，《泰晤士报》则一度支持阿丁顿集团。此类报刊由于背后政治势力的资金及信息等

---

① 詹姆斯·卡瑞、珍·辛顿：《英国新闻史》，第 10 页；凯文·威廉姆斯：《一天给我一桩谋杀案：英国大众传播史》，第 63 页。

② 詹姆斯·卡瑞、珍·辛顿：《英国新闻史》，第 12—15 页。

③ 乔治·维尔：《世界报刊史——报刊的起源、发展与作用》，第 90 页。

支持，政府控制措施难有效果。

第四，读报蔚然成风。18 世纪末 19 世纪初，英国读者群体不断扩大。1795 年，艾萨克·迪士雷利（Isaac Disney Reilly）曾自豪地说："我们已经变成了一个阅读和理所当然的批判之国，温文雅致的作者发现欣赏自己的读者大量存在"。①顺应阅读之风的阅览室大量出现，1794 年，格拉斯哥最早出现阅览室，1815 年后阅览室已遍布全国，较为著名的如激进改革家和工会领袖约翰·多尔蒂（John Doherty）在曼彻斯特书店设立的（Coffee and Newsroom）"咖啡和新闻编辑室"，此阅览室每周提供 96 种报刊。阅览室会根据多数订阅者意愿订阅他们喜欢的报刊，包括忠诚报刊和反对派报刊等多种类型。酒馆和咖啡馆等公共场所中也有大量读者，1815 年的一份《科贝特的政治纪事》会在酒馆中被数十人阅读，1821 年，洛瑟勋爵指出，托利党诽谤性周刊《约翰·布尔》(John Bull)在所有酒馆中都被读过。② 高霍尔本（High Holborn）41 号的咖啡店老板说，店中每天有 400 到 450 名顾客，1836 年之前每年要花费 400 英镑为顾客提供报纸、杂志等。③ 面对高价报刊，读者们集体购买，多人阅读一份报刊，1829 年，每份

① Lucy Newlyn, *Reading, Writing, and Romanticism: The Anxiety of Reception*, p.1.
② Arthur Aspinall, *Politics and The Press, 1780—1850*, p.29.
③ Arthur Aspinall, *Politics and The Press, 1780—1850*, p.28.

伦敦报刊约有 30 人阅读，在地方，每份报刊也能够被约七八个人阅读。阅读之风中年政府限制捉襟见肘，正如 1817 年索西（Southey）曾对利物浦勋爵（Lord Liverpool）诉说的那样，只要《科贝特的纪事》(Cobbett's Register) 和《霍恩的纪事》(Hone's Register) 等报刊还在啤酒馆中被大声朗读，大量士兵还聚在那里，压制性法律就完全无效。①

　　由于压制效果不佳，报刊依旧取得了一定发展。首先，报刊数量不断增加，在伦敦，1760 年有 4 份日报以及 5 到 6 份三周刊，1770 年有 5 份日报，8 份三周刊以及 4 份周刊；1783 年有 9 份日报 10 份双周或三周刊，1790 年则有 13 份早报、1 份晚报、7 份三周刊以及 2 份双周刊，1792 年日报增加到 16 份，到 1811 年，伦敦已有 52 本刊物。② 其次，发行量稳步增长，据统计，有印花报刊 1760 年共发行 9400000 份，1775 年为 12400000 份，1780 年为 14000000 份，1835 年为 31000000 份。1792 年，《信使报》每天发行约 1500 份，1796 年增长到 7000 份。③《泰晤士报》1803 年日均发行量约 1700 份，到 1821 年猛增至 7000 份。④ 到 19 世纪，无印花报刊发行量也随

---

① Arthur Aspinall, *Politics and The Press, 1780—1850*, p.29.

② Jeremy Black, *The English Press, 1621—1861*, Sutton Publishing, 2001, p.74.

③ Bob Clarke, *From Grub Street to Fleet Street*, pp.96—100.

④ Alfred P. Wadsworth, 'Newspaper Circulations, 1800—1854', *Manchester Statistical Society*, March 1955, pp.8—9.

之上涨，1816 年 11 月后的短时间里，《科贝特的纪事》每周销量便增加到 40000 到 50000 册，是任何其他报刊的数倍。[①]发行量增大带动了广告刊登，1770 年，《公共广告人》日均发行量 3133 份，刊载 23612 条广告，获利 2223 英镑 9 先令。[②]1819 年，《纪事晨报》刊载 41067 条广告，获利 12421 英镑 18 先令 6 便士。18 世纪 70、80 年代，伦敦的报刊年收益一般为 1500 英镑到 2000 英镑，到 1820 年左右，《纪事晨报》年收益达到 12000 英镑，《先驱晨报》(*Morning Herald*)和《星报》的年收益也能有 6000 到 8000 英镑。[③]

报刊业的发展证明了压制最终失败，政府也开始怀疑政策的有效性。尤其到工业革命中后期，随着科技成果的运用以及民众知识水平的提高，报刊的印刷发行技术取得了巨大进步，市场也极大拓展，报刊出版业逐步向现代化转型。

第三节　工业革命时期报刊出版业的转型

1780 年到 1850 年，恰逢英国工业革命，在此期间英国政治社会经济取得了巨大的发展，在科技革命的推动下，英国报

---

① *Cobbett's Political Register*, 16th November 1816.

② Bob Clarke, *From Grub Street to Fleet Street*, p.99.

③ Hannah Barker, *Newspapers, politics and English society, 1695—1855*, p.95.

刊发生了巨大变化，从组织机构、技术运用、从业人员、形式内容方面均发生了较大变化。与此同时，从事报刊出版产业的报人群体在生活状态、经济状况、社会地位等方面也发生巨大的变化。这一时期报刊产业的巨大发展是英国报刊最终向现代化报业转型的重要时期。

一、组织机构与从业人员的变化

17世纪到18世纪初，处于萌芽和发展时期的新闻出版业受到社会和政府诸多方面的限制，行业定位尚不明确，组织结构简单，从业人员也较少。

在组织机构上，当时的很多刊物的业主身兼多职，既是经营管理者还是总编辑，往往亦是刊物的主要撰稿人。像英国报业之父丹尼尔·笛福，其创办了《评论》(*Review*)，不仅是刊物的业主和管理者，大多数的刊物内容亦是由自己直接写作；斯蒂尔和艾迪逊创办了《闲谈者》与《旁观者》，关于刊物的运营以及撰稿等亦是事必躬亲。[1] 总之，此时的报刊创办者事无巨细都由自己负责，除此之外还有一些长期或者短期雇佣的编辑以及一些排字和印刷的工人。在从业人员上，由于职业定位尚不清晰，所以没有专门的工作人员，不仅数量较

---

[1] 具体参见 Jeremy Black, *The English Press 1621—1861*。

少，而且多是一些被称为"格拉布街文人"的落魄文人，像约翰·邓顿、耐德华、汤姆·布朗以及被一些作品描述过的塞缪尔·波伊斯、理查德·萨维奇等一些底层文人群体因生计所迫而从事这一行业，[①] 还有就是一些著名文人也多有成为新闻出版编辑人员的，例如塞缪尔·约翰逊长期受《绅士杂志》雇佣，与其业主爱德华·凯夫建立了长期的合作关系，诸如奥利弗·哥尔德斯密斯（Oliver Goldsmith）、夏洛特·伦诺克斯（Charlotte Lennox）、托马斯·德·昆西、塞缪尔·科勒津治等较为著名文人都曾作为编辑甚至创办刊物。[②]

18世纪末19世纪初，随着工业革命的推进，英国社会发生巨大变化，报刊出版经济实力得到极大提升，专业分工更加明确，报刊组织形式逐步变化。1808年《泰晤士报》在沃尔特二世的主持下试行总编辑制度，1817年，正式任命托马斯·巴恩斯为总编辑，开创了所有者主管经营，另外聘请总编辑的制度，随后其他报刊纷纷效仿。19世纪20年代，英国众多报刊都设置了1位主编、1位副主编、10—14名记者、30—35位排字工、若干校对员、两位或者更多负责广告和记账的会计、一些印刷工人和送报工人。[③] 到1850年，据相关人员

① 详见 Bob Clarke, *From Grub Street to Fleet Street*。
② 参见 Bob Clarke, *From Grub Street to Fleet Street*。
③ Kevin Williams, *Read All About It: A History of the British Newspaper*, London: Routledge, 2009, p.82.

估计平均一家日报有 1 位主编，3 位编辑，6 个议会记者，10
个通讯员和一些其他的作者，一些外国的记者和机构以及一些
地方通讯员等，在生产方面，除了经理和出版人员外，平均每
家还有大约 50 名印刷工作人员。① 在组织机构逐步完善的同
时，作为从业人员的记者和文字编辑的专业化水平亦不断提
高，越来越受到社会的尊重。与早期仅仅作为材料收集者的记
者不同的是，18 世纪末 19 世纪初，编辑和记者不仅通过士兵
和水手来获得信息，更是亲身参与一些事件，例如，报纸会付
钱让他们参加审讯，甚至采访死牢里的犯人并且提供目击描
述。② 滑铁卢事件之后雇佣经过专业训练的记者变得非常普遍。
他们被报刊雇佣，用于对一些事件的描述，并且以一种专业的
方式来评估，代替了一些作为通讯员的业余文人。对于很多伦
敦报刊来说，有一页城市的专栏和城市通讯员变得非常普遍。
议会报道为记者的专业化提供了另一个契机，议会报道需要的
对主题的深入了解以及速记要求，对记者的水平提出了更高标
准，很多报纸开始雇佣高水平职业记者以期更好的报道议会进
程，早在 1810 年，23 名议会记者中至少有 18 人拥有大学学
历。③19 世纪 30 年代开始就开始存在训练有素而且有组织的

---

① Hannah Barker, *Newspapers, politics and English society, 1695—1855*, p.102.
②③ Bob Clarke, *From Grub Street to Fleet Street*, p.255.

议会记者，很多大的报刊甚至拥有国外通讯员网络。

19世纪初，从业人员专业化表现最明显的当是《泰晤士报》，经华尔特二世改革后报刊聘请高水平的记者和作家参加报纸工作，雇佣了李·亨特和巴伦·菲尔德作为其戏剧批评家；华兹沃斯和拉姆的朋友亨利·鲁滨逊担任驻汉堡的欧洲记者；剑桥大学的研究员彼得·弗雷泽被雇佣担任社论撰写人，小品文作家威廉·黑兹利特以及诗人塞缪尔·泰勒·科勒律治亦曾为《泰晤士报》工作。19世纪下半叶这一特点更为突出，《每日电讯报》聘请了著名作家乔治·萨拉（George Sala），从1857年开始萨拉为《每日电讯报》持续撰稿30年，成为19世纪下半叶英国首屈一指的明星记者，该报驻俄记者埃米尔·迪伦（Emile Dillon）则是精通欧洲各国文字的语言学家。[1]19世纪末，全国更是掀起了一股新闻出版专业教育的浪潮，众多有着专业背景的人员成为报人。

二、形式内容变化

早期的新闻出版刊物是以小册子形式出现，这些刊载着新闻内容的小册子便是早期的报刊，被人们称为"新闻书"。1589年，出版商沃夫尔（Wolfe）出版了4英寸长2英寸宽的

---

① 陈力丹、董晨宇：《新闻传播史》，第142页。

小册子，①1622 年的《每周新闻续编》，每期 20 页，是最早的新闻书，英国内战时期的保王党和议会党之间的舆论战争的刊物都是以小册子的形式出现的。直到 1660 年，查理二世复辟之后，才出现了第一份真正意义上的报纸，此刊物采用单页双面印刷，每面两栏，初步具有现代报刊的版面样式。1679 年，单页的对开刊物形式大量出现，随着 1712 年和 1725 年的印花税的颁行，报刊业主利用税务规则，在不改变报刊页数的情况下，大幅的扩展刊物的版面，使得有着 4 页的报刊仅仅算作半张来计算税务。② 在出版形式上，亦没有什么较大变化，只是在印花税的刺激之下，早期小册子的形式被越来越简化的单页大版面形式所取代，以此来减轻印花税的负担，从而逐渐定型而成为了现在的报刊版式。在内容上，由于伦敦报刊出版产业起源于格拉布街的一些政治时事内容的小册子，所以早期的报刊新闻出版产业的内容几乎单纯的以政治内容为主，主要刊物如《伦敦公报》(*London Gazette*)、《政治信使》、《宫廷信使》、《考察家》等，均是政治主题的小册子。18 世纪，党派政治的大环境，使得报刊新闻出版也被广泛地用于政治活动，执政党用以宣传政治理念，而反对党则用其进行反对宣传活动。党派

---

① Dennis Griffiths, *The Encyclopedia of the British Press, 1422—1992*, New York: St. Martin's Press, 1992, p.2.

② Dennis Griffiths, *The Encyclopedia of the British Press, 1422—1992*, p.13.

政治的唇枪舌剑之中，报刊的政治内容被强化，此时期，民众很少会关注那些无关于政治的内容，一些主要刊物诸如《闲谈者》《旁观者》《评论》《每日新闻报》《每日公报》以及后来的《匠人》《空中邮报》《每日邮报》等无不是以政治内容为主。①非政治主题的报刊极少能够得到关注。

18世纪末19世纪初，在工业革命的推动下，随着经济水平的提升，社会民众受教育的水平亦不断提高，对于信息的需求量大增。原先多为社会上层大众所关注的政论性的内容报刊，内容乏味且价格较高，不能适应日益增长而且文化素质不断提高的开始阅读报刊的中下层大众的需要，所以报刊亦合乎时宜地做出了调整，出现不同形式和内容的越来越适合大众口味的刊物。

随着刊物经济水平的提高以及新的科技的运用，刊物的形式发生了变化，左派的四开大小的小报逐渐开始大幅的印刷。在内容上，19世纪初，尽管大部分刊物依然像以前一样用大幅的版面去报道政治时事的内容，除此之外，其他类型信息量则很少，一般只在言论和广告的夹缝中夹杂着刊登少量议会报道、航期消息、谷物价格以及贵族家庭的婚丧消息等。但

---

① 具体内容参见吴伟：《格拉布街：英国新闻业往事》，北京大学出版社2010年版。

是，已经出现了不以政治内容为主的刊物，1801年，伦敦出现了名为《每周快讯》(*Weekly Dispatch*)的报刊，这一刊物声称是教育和娱乐兼顾，大量刊登体育新闻、法院新闻等多种社会新闻，内容较为多样。[①] 随着工业革命的逐步深入，到19世纪20年代后，内容呈现多样化的刊物逐渐多了，1822年出现的《星期日泰晤士报》以桃色新闻和一些耸人听闻的报道而著称。同年也出现了叫做《贝尔的伦敦生活》(*Bell's Life in London*)的一份周末报，该刊物的内容更加的多样化，例如戏剧、体育、赛马、读者来信、警事新闻等内容无所不包，与此同时，在这一刊物中警察局和法院新闻常常置于显眼的位置，诸如"林肯郡审判诱奸案""凶残的抢劫""五名罪犯在新门前处死""乱伦审议记"等标题能够很好地吸引读者的注意，不仅如此，在具体的内容中刊物确实报道了种种细节。[②] 就连1791年创办的《观察家报》亦从20年代起也把注意力转向犯罪新闻和体有新闻。1836年，针对报刊新闻出版的印花税降低到了一便士，在这样的背景下，刊登犯罪新闻的小报、种种煽情主义的星期日报纸的廉价报刊开始大量出现。其中以

---

① Brian Douglas Lake, *British Newspapers: A History and Guide for Collectors*, p.68.

② Brian Douglas Lake, *British Newspapers: A History and Guide for Collectors*, pp.69—127.

《世界新闻报》最为著名，它以平民大众为主要受众，以煽情主义为刊物写作内容的指导方针，在八个版面的篇幅中包含有国内外以及文学到警察局故事的多种新闻领域，售价为 3 便士每份，到 1845 年，该刊物的发行量达已经达到了 30000 份。[1]另外，很多的激进报刊为迎合大众读者口味，将传单、历书、诗歌手册等通俗文学传统融入了报刊之中，[2] 像《克利伍周报》（Cleave's Weekly）、《每周警察公报》（Weekly Police Gazette）、《每周快讯》（Weekly Dispatch）、《雷纳德的周报》等，这些刊物开始重新使用通俗的传统，除了通过政治内容之外，还通过小道消息和娱乐新闻来宣传他们激进的意识形态。在这样的状况下，此时期报刊多样化内容的发展为 19 世纪下半叶报刊的大众化奠定了基础。

三、经营理念与技术条件

17、18 世纪报刊出版业成型的时期也正是英国政党政治的时期，此时期刊物有着一个很明显的特征，就是刊物具有很强的政党倾向，所以大家将这一段时间称之为政党报刊时期。首先，很多报刊的是由政党创办的，本身的主要目的就

---

[1] Brian Douglas Lake, *British Newspapers: A History and Guide for Collectors*, p.69.

[2] 詹姆斯·卡瑞、珍·辛顿：《英国新闻史》，第 23 页。

是用于政治宣传。18 世纪的众多刊物其实都是政党刊物，例如，1710 年，托利党领袖亲自主持出版了《考察家》，1720 年的《每日新闻》；辉格党亦在 1710 年，创办《辉格考察家》，1715 年创办《自由人》(Free Man)，其后还创办了同名《每日新闻》。① 处于复杂多变的政治环境之中，为了谋求生存亦不断地不接受政党的补贴，从而带有很强的政治性。1704 年，托利党领袖哈莱（R. Harley）首开先例，每年给予《评论》的创办者笛福 400 英镑，从而使得《评论》成为了亲托利党的杂志，《自由英国人》(Free Briton) 的撰稿人威廉·阿纳尔（William Anar）每年亦能从财政部得到 6000 英镑的津贴。② 很多个人创办的刊物亦多有政党倾向，塔钦创办的亲辉格党的《空中邮报》，还有亲托利党的《邮政男孩》等。在报刊发行量较少，生存困难，而政府津贴相对丰厚的状况下，报刊很难摆脱政治的影响独立发表意见，诸如笛福、斯威夫特、菲尔丁、约翰逊、斯摩莱特等著名的人物无一例外的接受过政府津贴，在两党之间摇摆。

18 世纪末 19 世纪初，随着工业革命的展开，经济水平不断提高，人口逐步增加，在不断扩展的市场影响之下，刊物发行量亦不断提升，收入不断增长。尽管在这一时期仍然存在着

---

①② 可参见吴伟：《格拉布街：英国新闻业往事》。

大量具有政党报刊，但也有众多较为活跃的激进报刊，《政治纪事周刊》（ *Weekly Political Register* ）、《贫民卫报》以及后来著名的《北极星报》等，他们多靠工人阶层以及组织的支持，所以很多时候发行量较大，因此得以维持基本的运营。与此同时，亦出现了众多以盈利为目的的商业报刊，这些刊物通过刊登广告和销售能够获得较大利润，不再需要津贴就能够自足，从而直接导致了此时期报刊的经营理念发生了变化。在这样的状况下，街道报刊发行量的扩大以及来自广告的额外收入大大降低了对政府补贴的依赖，新闻出版业的独立性与日俱增。1795 年，《晨邮报》的发行量每天只有 350 份左右，而到 1803 年其发行量增长到每天 4500 份左右。[①] 著名报人斯图亚特（Stuart）的经营强调经济自立，其经营理念即为"广告既能增加收入又能吸引读者增进发行，反之发行的增加又可以吸引更多的广告"[②]。《泰晤士报》在 1803 年的日均发行量只有 1700 份左右，而到了 1830 年代增加到 15000 份，随即其"宣布不再接受政府来源的信息，因为这与他们的荣誉和独立是不相符的"。[③] 在盈利为目的理念的指导之下，很多刊物从广告和

① Bob Clarke, *From Grub Street to Fleet Street*, London: Ashgate, 2004, p.97.

② 张允若、高宁远：《外国新闻事业史新编》，第 31 页。

③《泰晤士报》运用新的技术和体制，依靠广告和发行量迅速提升充分自立，完全割断了和政府的联系。详见：启林、姬琳：《新世纪的分水岭——1800—1860 年的英国新闻业》，《国际新闻界》，2002 年第 5 期，第 77 页。

发行中获得了较大利润，而到 1821 年，猛增至日均 7000 份，1841 年发行量为日均 28000 份左右，超过紧排其后的三家报刊的总和，1850 年，更是超过紧排其后的五家报刊的总和。[①]工业革命后期，随着知识税的逐步降低直到最终废除，更是出现了大量以平民大众为读者的价格较低的大众报刊，它们在经营上完全商业化，大量刊登广告，降低售价来扩大发行，以此来赢得更多的广告。

在技术运用方面，工业革命为新闻出版的两个世纪左右近乎固态的发展态势提供了变革的契机。有学者认为，1800 年的报刊新闻出版相比之下更接近于 1600 年的状态，而不是 1860 年的状态。[②]之所以这样说的原因是，工业革命之前的报刊产业发展历程中基本上没有较为大的技术革新，古腾堡印刷技术传入英国之后，1476 年印刷商卡克斯顿建立了英国第一个印刷厂，使用活字印刷机进行印刷，在工业革命发生之前的三百多年的时间里英国的印刷技术一直沿用着古腾堡印刷的原有技术，没有什么较大的改进，在纸张制造的技术上亦是如此。与此同时，在没有有效的交通通讯手段的情况下，获取信息的手段更是十分单一，更多的是通过信件，很多时候亦通过

---

① Alfred P. Wadsworth, 'Newspaper Circulations, 1800—1854', *Manchester Statistical Society*, March 1955, pp.8—9.

② 详见 Dennis Griffiths, *The Encyclopedia of the British Press, 1422—1992.*

经常来往于国内外许多的地区的商人以及一些士兵的口信。这种极其原始的方式导致报刊新闻的时效性较差，像法国发生的事件要在一周之后才能在英国的刊物上出现。

工业革命期间众多新的科技都被运用到了报刊产业之中，使得报刊发展取得了前所未有的进步。早在 1814 年《泰晤士报》率先使用蒸汽印刷机，"从而取代了四个半世纪以来的古腾堡木刻印刷"。[1]1847 年率先采用轮转印刷技术，同年就使报纸达到每天 12 版，其后，引进了较为便宜的木浆材料纸张，使得高速印刷机的连续印刷成为可能。[2] 伴随着读者受众的扩大以及新的印刷出版技术的运用，1834 年创立的《两便士快报》在 1836 年亦开始使用蒸汽印刷机。科技的进步亦极大提高了造纸技术，细颈针草成为了破布的补充物，成为了制造纸张的原料，纸浆花费的降低大大减少了纸张的花费，从而为报刊的大量发行提供了可能。交通通讯技术的新发明亦被应用到了报刊出版产业之中，其中电报电话和铁路火车的运用这些技术的运用，极大地增加了伦敦刊物的影响力，他们可以在出版后几小时之内到达英国其他的地方，地方的刊物亦能更快获得消息。1851 年第一个利用电报而建立的消息中介机构路透社在伦敦成立，1853 年，像《曼彻斯特卫报》(*Manchester*

---

① 尤尔根·哈贝马斯著、曹卫东译：《公共领域的结构转型》，第 222 页。
② Bob Clarke, *From Grub Street to Fleet Street*, p.266.

Guardian)、《曼彻斯特水星报》(*Manchester Mercury*)、《利物浦水星报》(*Liverpool Mercury*) 都已经开始使用电报来传递消息，1858 年，《泰晤士报》以及其他的很多日报也开始使用电报。① 克里米亚战争期间，英国的电报线路架设到了黑海，这使得《泰晤士报》的著名记者能够及时将战争消息传递到国内，从而引起了巨大的反响，导致了内阁的倒台。火车的出现使得报刊能够发行到很多地方，1848 年，W.H. 史密斯（W.H. Smith）在尤斯顿火车站建立了第一个书报亭来销售报刊，到 1891 年，史密斯逝世的时候已经在 150 个火车站建立了书报亭。②

总之，在工业革命时期技术条件的推动下，刊物经营理念和技术条件都发生了巨大变化，这些变化直接推动报刊向现代报刊产业转型。

四、报刊影响力的增强

谈及工业革命时期的报刊影响力，最常用的词语便是"第四等级"。第四等级报刊观念，实际上是报刊发行以及报道政治新闻等相关内容的合法化以及影响力增大的表现。工业革

---

① Donald Read, *The Power of News. The History of Reuters, Oxford*, 1999, pp.13—19.

② Jeremy Black, *The English Press, 1621—1861*, p.181.

命期间，社会变革推动下报刊出版业的发展以及政治的变革，使得报刊与政治关系中的主动性逐步增强，由对法国大革命的报道到激进报刊的发展，再到议会改革的诸多事件以及宪章运动，报刊对政治的影响越来越大。

由于早期的刊物发行量有限，而且受到交通通讯技术的限制，很多时候还受到政府的压制，报刊的影响力十分有限。18世纪初，在安妮女王多次颁布针对报刊的限制法案没有产生预期效果的情况下，议会最终通过了印花税法案，这一法案的颁布不仅增加了政府的财政收入，而且达到了控制报刊的目的。此法案在经济层面上对报刊的发展也造成了严重的阻碍，报刊较高的价格客观上限制了阅读群体的社会阶层，使得18世纪报刊影响力始终被相对限制到了中上阶层，对于许多下层民众而言，报刊的影响力是极小的。对于税务对报刊发展的严重阻碍，艾迪生曾在《旁观者》上作出评论："很多作者都将在这一天发表自己的最后一篇文章。我们如今获得了和平，但是，恐怕这些'周刊历史学家'中，没有几个人可以在印花税重压之下存活下来，而就在反法战争之中，他们还是最为得意的人……我的一位爱开玩笑的朋友说，这些作者如今就像落叶一般消亡。"[1] 据统计，1724年，伦敦有82家报纸和期刊，1725

---

[1] Fredrick Seaton Siebert, *Freedom of the Press in England, 1476—1776: The Rise and Decline of Government Control*, p.313.

年降为了 76 家，1726 年则下降为 64 家。①

但报刊并没有就此陷入消极，也就是自 18 世纪起，英国报刊与政治的关系角力中，报刊开始由被动不断变为主动，试图报道议会内容。尽管议会报道面临煽动诽谤罪的惩处，但是，像《大不列颠的政治状况》(The Political State of Great Britain)、《绅士杂志》、《伦敦杂志》(London Magazine) 等通过各种典故、寓言和影射等擦边球的叙事方式进行议会内容报道。② 在这其中最为出名的是爱德华凯夫创办的《绅士杂志》，但是凯夫的策略十分谨慎，会议期间仅仅提供摘要性的介绍，会议结束后才将完整的议会内容刊登出来。还有《伦敦杂志》，此刊虚拟了一个"政治俱乐部"，将议会辩论的内容转变为这家俱乐部的辩论进行报道。

报刊真正开始发挥其巨大的影响力，是从"威尔克斯事件"开始的。1760 年，乔治三世即位后，谋求扩充王权，对辉格党人进行了无情的打压，作为辉格党追随者的约翰·威尔克斯进行了反抗，其创办《北不列颠人报》，并表明了自己的办报原则是："报刊自由是英国人生来就享有的权利，这也被认为是整个国家自由的最重要保障。它已经成为所有不称职的

---

① Fredrick Seaton Siebert, *Freedom of the Press in England, 1476—1776: The Rise and Decline of Government Control*, p.320.

② 具体参见 Hannah Barker, *Newspapers, politics and English society, 1695—1855*, p.77。

政府所害怕的事情，因为他们危险且阴狠的政策，或者因为他们的虚弱、无能、欺骗，已经被这些报刊发布并公之于众。"①

由于威尔克斯在《北不列颠人报》上进行了猛烈的抨击，触怒了乔治三世，司法大臣判定威尔克斯犯有煽动诽谤罪，使得威尔克斯不得不逃亡法国。1768 年威尔克斯回国参加选举，在第三次选举中虽然击败了政府候选人，但是，政府却宣称他失败，并判处其 22 个月的监禁，此事件引起了圣乔治广场的抗议，最终酿成了"圣乔治广场屠杀"。其后威尔克斯在政府反对派的支持下当选市议员，无罪释放了报道议会的报人。此事使得政府将伦敦市长和市政议员关进了伦敦塔，引起了民众的不满，最终被释放。这一系列的事件被称为"威尔克斯事件"，自此以后，议会对报刊报道和评论政治新闻虽然设立了种种限制，但是基本上采取了默认的态度。

其后，1769 年创立的《记事晨报》由于报道议会新闻而为社会瞩目，② 由此掀起议会报道热潮。18 世纪末 19 世纪初，随着报刊对于议会报道的增多，政府被迫逐渐放宽限制，1803 年，议会允许记者到后排旁听，1831 年，正式在议会大厅设立记者席，1862 年，通过了承认记者报道议会新闻及批评议会不属于诽谤罪的法案，实际上承认了公众对议会内容的知情

---

① Kevin Williams, *Read All About It: A History of the British Newspaper*, p.69.
② 张允若、高宁远:《外国新闻事业史新编》，第 31 页。

权。议会报道仅仅是一个小方面，报刊对于政治影响力的逐步增加，主要体现在政治问题和政治事件中，例如，关于法国大革命的辩论、议会改革、宪章运动等。

　　法国大革命发生后，英国报刊几乎一边倒的偏向于欢迎态度。《世界报》（ *Word* ）、《晨邮报》等重要报刊都刊文认为法国大革命是效仿英国，应该欢迎和支持。[1] 最先提出异议的埃德蒙·伯克受到大批报刊的攻击。[2] 更为重要的是法国大革命催生了大量激进报刊，这些报刊成为改革派大力宣传大革命以启发民众改革意识的重要平台。[3] 但随着大革命暴力恐怖事件的发生，迫于国外战争和国内舆论的压力，英国政治愈加保守，在政府支持下大批保守忠诚派刊物出现。[4] 如此，大部分英国

---

　　[1] *World*, 20 July 1789; *Morning Post*, 21 July 1789.

　　[2] John Ehrman, *The Younger Pitt, II, The Reluctant Transition*, London: Constable, 1983, p.77. 具体内容参见下文。

　　[3] 例如《谢菲尔德公报》《爱国者》《莱斯特先驱报》（ *Leicester Herald* ）、《曼彻斯特先驱报》《剑桥情报员》（ *Cambridge Intelligencer* ），具体宣传可参见关于此时的激进报刊的具体情况参见哈里·迪金森：《英国激进主义与法国大革命 1789—1815》，第 32—34 页。

　　[4] 例如 1833—1950 年早期的《真正不列颠人报》等；在地方则有《爱丁堡先驱报》（ *Edinburgh Herald* ）、《利物浦凤凰报》（ *Liverpool Phoenix* ）、《约克报》（ *York Courant* ）、《纽卡斯尔报》（ *Newcastle Courant* ）、《曼彻斯特水星报》等刊物。关于伦敦亲政府报刊的舆论宣传的具体情况可参见：Stuart Andrews, *The British Periodical Press and the French Revolution*; 哈里·迪金森：《英国激进主义与法国大革命 1789—1815》，第 55 页。

民众都被保守派刊物的强力宣传所说服，詹姆斯·麦金托什（James Mackintosh）、威廉·华兹华斯（William Wordsworth）以及塞缪尔·泰勒·柯勒律治（Samuel Taylor Coleridge）这些早期革命的同情者，也开始认为法国并没有推进自由的事业，而是从一种形式的暴政转向了另一种形式的暴政，詹姆斯·麦金托什甚至为自己先前的言论向伯克道歉。[①]激进报刊的声音逐渐淹没在保守舆论中。尽管如此，我们不能否认激进报刊对保守政治产生了一定的冲击，更重要的是为反法战争结束后报刊发挥巨大的影响力奠定了基础。

如果说，法国大革命时期保守舆论占据优势，那么反法战争结束后，随着议会改革再次提上议事日程，报刊业在这一过程中迅速展现出巨大影响力。1819 年，曼彻斯特圣彼得堡广场八万群众集会要求改革，遭到当地政府军警的镇压，发生流血冲突，被称为"彼得卢惨案"。这一事件受到了全国舆论的关注，其中，《泰晤士报》记者约翰·威廉·塔斯（John William Tyas）的严厉指责引起了巨大社会反响，民众把《泰晤士报》当作传达自己声音的传话筒和英国都市社会的见证人，当对抗强力的对手时会变得更加强力。

---

① 哈里·迪金森：《英国激进主义与法国大革命 1789—1815》，第 111 页；也可参见 Stuart Andrews, *The British Periodical Press and the French Revolution, 1789—1799*。

正如约翰·罗素指出的那样："觉醒的大众很容易被流行的讨论、新闻界、大型公开会议以及煽动性的报刊所激起和兴奋"。[①] 议会改革前夕，报刊舆论的确对议会改革推动作用极大。威灵顿无视选举权和议会席位再分配的问题，引起了众多报刊不满，如《诺丁汉评论》(*Nottingham Review*)、《斯塔福德郡广告人》(*Staffordshire Advertiser*)、《桑德兰先驱报》(*Sunderland Herald*)、《西不列颠人报》(*West Briton*)、《博尔顿纪事报》(*Bolton Chronicle*) 等，尤其是感觉议会中代表性不足，新兴工业城市的报刊大力支持改革法案，例如，《利兹水星报》(*Leeds Mercury*)、《曼彻斯特卫报》、《曼彻斯特时报》(*Manchester Times*) 和《利兹爱国者》(*Leeds Patriot*)。[②]

报刊舆论让政治家们相信，若不进行改革，民众的愤怒会产生难以想象的后果。《梅德斯通公报》(*Maidstone Gazette*) 和《肯特先驱报》(*Kent Herald*) 先后对拒绝改革后可能发生的情况进行了报道。[③] 还有众多无印花激进报刊，像《敦促者》(*Prompter*)(1830-1)、《共和党人》(*Republican*)(1831-3)、

---

① Hannah Barker, *Newspapers, politics and English society, 1695—1855*, p.205.

② Jeremy Black, *The English Press, 1621—1861*, pp.170—171. 具体报刊报道内容可参见下文。

③ Hannah Barker, *Newspapers, politics and English society, 1695—1855*, p.205. 具体参见下文。

《贫民卫报》(1831-5)、《激进派》(*Radical*)(1831)、《工人之友》(*Working Men's Friend*)(1832-3)、《改革者》(*Reformer*)(1832)等。① 《贫民卫报》甚至发表了马塞隆上校的《人民防卫指示》(*Defensive Instructions for the People*)摘录,这是一本关于街头斗殴的手册,② 在其中表达了民众应对改革失败的防卫行动。毫无疑问,报刊连篇累牍的报道使得诸如格雷一样的很多政治家相信改革的紧迫性,顶着议会反对力量的强大压力致力于进行改革。由此可见报刊对于议会改革的巨大影响。

报刊在宪章运动中亦起到了重要作用。工人阶级在1832年改革后依旧无权,为争取政治权利发动了宪章运动。《人民宪章》于1837年制定,随后宪章派开展了全国性的请愿活动。由于组织没有共同的经济基础,并存在高度的地方主义,导致运动不是特别统一,缺乏内在连贯性和组织认同。尽管全国宪章协会作为正式组织机构,为运动提供了统一感,然而,宪章派中最重要的统一元素是报刊,正如宪章运动的领袖弗拉格斯·奥康纳(Feargus O'Connor)指出,激进报刊是将人民连接在一起的纽带。③ 利用战后激进人士的方法,奥康纳等人

---

① Jeremy Black, *The English Press, 1621—1861*, p.172.

② E.P. 汤普森著、钱乘旦等译:《英国工人阶级的形成》,译林出版社2001年版,第962页。

③ 詹姆斯·卡瑞、珍·辛顿:《英国新闻史》,第13页。

将报刊作为大众平台进行抗议，将不同的领域和群体聚集在了一起。

宪章运动中出现了超过 50 种宪章主义报刊，几乎每个宪章派团体或领导人都有自己的期刊或报纸，洛维特（Lovett）的《宪章》（Charter）和伦敦的《民主党》（Democrat），东北部有《北方解放者》（Northern Liberator），西部有《西方护卫者》（Western Vindicator）。[1] 其中最著名的是《北极星报》，该刊物存在时间较长，以其全面而明确的运动声音迅速建立权威，通过宣传地方倡议并赋予这些宣传以国家意义，来帮助和实现宪章运动的团结一致。除报刊宣传外，宪章运动中激进报刊的发行本身也成为一种政治运动，很多报刊本身就是由工人组织的领导人物创办，其任务就是服务于工人组织，甚至 19 世纪上半叶群众聚在一起阅读激进报刊可以说是一种社会运动，这些报刊的写作方式也是为了适合大声朗读和集体阅读的互动，因此形成了此时期激进报刊的文化意义和重要性。由此而言，激进报刊亦极大促进了宪章运动的发展。

19 世纪下半叶，大众刊物的发行量不断提升[2]，报刊作

----

[1] Hannah Barker, *Newspapers, politics and English society, 1695—1855*, p.215.

[2] 发行量上最为显著的是《每日电讯报》，这一报刊被约瑟夫·摩西·莱维（Jseph Moses Levy）接管后，价格降为一便士。降价产生了显著效果，到 1856 年的 7 月其日均发行量已达 27000 份，超过了其他的伦敦日（转下页）

为舆论监督工具的影响力亦不断扩大。新闻出版的力量愈来愈能影响大众和议会。街道报刊《派尔-麦尔公报》的记者威廉·托马斯·斯特德就形容当时报刊和编辑为"改革的发动机""教育民主的无冕之王"。①

从法国大革命时期的激进报刊到议会改革中报刊的影响，再到宪章运动中报刊与运动的密切关系，报刊对于政治变革的影响越来越大。报刊作为大众的传声筒，承载着舆论力量不断推动政治变革的发展。

工业革命推动了英国社会的全面变革，报刊自然也不例外，报刊的发展转型受到了政治、经济、文化等综合因素的影响。按照阿斯皮纳尔的观点，工业革命前中期报刊为求得生存不得不接受政府补贴而受其控制，陷入了"腐败泥潭"。② 此观点以政治家与报刊业主编辑的书信来往为主要依据，并未全面反映真实状况，像《纪事晨报》等一些报刊通过良好经营获

（接上页）报，1860 年，日均发行量达到 147000 份，超过了《泰晤士报》和其他日报的总和，1880 年，日均发行量更是达到了 250000 份，成为世界上发行量最大的报刊。其他报刊的发行量亦较为可观，1881 年，创立之初的《珍闻》的周发行量就能达到 700000 份左右；1888 年创立的《星报》亦能有日均 142600 份的发行量。Bob Clarke, *From Grub Street to Fleet Street*, p.254. Bob Clarke, *From Grub Street to Fleet Street*, p.262—263。

① 具体参见上文。

② 参见 Arthur Aspinall, *Politics and The Press, 1780—1850*。

得了巨大利润，政府津贴很难达到控制报刊的目的。实际上，政治因素一直是影响报刊发展的重要因素，工业革命时期的报刊发展很大程度上得益于复杂的政治环境，为报刊提供了大量素材促进了政治报刊的繁荣。① 但是工业革命时期的社会变革中，经济、科技等因素对报刊出版业的推动作用相对明显。长远来看，工业革命后期政治变革的影响主要体现在 19 世纪下半叶，催生了大众化报刊的出现和发展。

总体而言，英国报刊发展既服从时代变革，又促进时代变革。工业革命时期的报业发展是时代发展的整体趋向，受一系列社会综合因素的影响，同时报刊发展反过来又促进了社会变革。社会变革中经济、科技、文化对报业发展推动巨大，加之报刊发展中影响力的增长，导致政治因素对于报刊的影响相对减弱，而报刊在社会变革中扮演的角色却愈加重要。

工业革命前后，报刊发展与社会的发展更是息息相关，在社会变革的推动下，英国社会经济发生了重要的发展，这些发展不仅为报刊新闻出版提供了广大的读者群。而且，在强大的技术支撑下，报刊从信息的获取到刊物的出版和发行都取得了巨大发展，使得产业从组织形式到刊物内容都发生了深刻变

---

① 参见 Stephen Koss, *The Rise and Fall of the Political Press in Britain: The Nineteenth Century*。

化，真正转型成为一个具有影响力的行业。与此同时，随着报刊发展，其对社会的影响力也是巨大的，为 19 世纪众多的民主运动提供了强大的舆论支持，为英国的近代社会的民主化起到了巨大的促进作用。工业革命前后英国报刊出版业的发展不仅仅是一个行业的发展，其更是英国社会转型的重要表现，从报刊出版业的转型中我们能够更加深刻地理解 19 世纪英国的社会变革。

第四节　报人群体 ①

工业革命时期，在社会变革的推动下，不仅报刊出版取得了巨大的发展，从事报刊出版的报人群体在许多方面业也产生了翻天覆地的变化，由地位低下的"格拉布街文人"发展成了受人尊敬的"第四等级"，在生存状态、职业表现以及社会地位方面都产生了巨大变化。

17 世纪末 18 世纪初，随着出版法的废除伦敦出现了众多编写政治小册子和创办报刊为生的文人，这些工作于新闻出版业的记者以及一些政治小册子、其他即时性出版物的作者

---

① 此部分为本人文章，参见：张英明：《从"格拉布街文人"到"第四等级"——工业革命前后伦敦报人群体透视》，《史林》，2018 年第 2 期。

便是最初的报人群体。18 世纪，处于社会转型时期的报人群体作为文学商业化的第一代雇佣文人，其生存方式没有受到当时社会价值体系的认可，被赋予了一个侮辱性的称号"格拉布街文人"①。他们没有固定的个人收入，为生计写作，按照写作行数来获得报酬，在日常生活中从事低等的文学活动，生活困顿、煮字疗饥是他们的真实写照。18 世纪末，随着工业革命的开展，新闻出版产业的影响力与日俱增，报人群体的聪明才智也得以尽情发挥，新闻业被冠以"无冕之王"之称，编辑记者等亦是被称为"第四等级"②，报人群体的生活状况、社会地位以及职业表现产生了显著变化。近代伦敦报人群体从"格拉布街文人"到"第四等级"的转变过程是英国社会转型的重要表现。

一、报人生活

17 世纪末 18 世纪初，在文学商业化浪潮的推动下，伦敦文学市场饱和，众多文人为谋生而投身于报刊杂志行业成为报

---

① 早期伦敦新闻出版行业的集中地是格拉布街，由于当时出版行业较低的声誉，从事这一行业的人员被冠以一个侮辱性的称号"格拉布街文人"。

② 经典自由理论将新闻界视为公共利益的守护者和政府行为的"监察者"。"第四等级"这个词出现于 18 世纪，在 19 世纪得到广泛使用。西方一些学者用这一词来指新闻记者的特殊地位，它是无冕之王的又一说法。

人。他们被冠以"格拉布街文人"的侮辱性称号，生活困顿、食不果腹是他们的日常真实写照。

报人群体的生存环境十分恶劣。早期报人多生活在伦敦边缘贫困区［环克拉肯韦尔区（Clerkenwell）与圣·约翰门（St John's Gat）一带］。这一带经济落后，疾病传播严重，盗贼横行，卖淫泛滥。最典型的便是以新闻出版小册子著称的格拉布街，整个街道充斥着狭窄的小巷、贼窝、妓院，克拉克（Bob Clarke）曾对格拉布街进行描述说其"极不规则的建筑群……就像一个丛林，在这里盗贼就像是非洲或者阿拉伯沙漠里的野兽一样可以极为安全的躲藏"。① 英国史学家马考莱亦对格拉布街报人的窘境描绘道："住在八级台阶的阁楼上……7月，与大伙睡大通铺而睡，12月，在温室的灰烬中安睡，其后死在医院，埋葬在教区的地窖。"② 曾为《绅士杂志》等多家报刊杂志撰稿的理查德·萨维奇（Richard Savage），在没钱住宿的时候，便在一些地下旅店、恶臭的地窖甚至一些"人渣"聚集的地方睡觉，夏天他会睡在露天的地方，冬天则和一些盗贼、乞丐挤在一起。③ 由此可见，早期报人群体的生存环境十

---

① Bob Clarke, *From Grub Street to Fleet Street*, London: Ashgate, 2004, p.3.

② Bob Clarke, *From Grub Street to Fleet Street*, London: Ashgate, 2004, p.5.

③ Alexandre Beljame, *Men of Letters and the English Public in the 18th Century, 1660—1744*, London: Routledge, 1948, p.348.

分恶劣，生活在贫困纷乱的地区，很多时候不得不与乞丐盗贼为伍。

　　然而，较之恶劣的生活环境，经济的拮据则是他们面临的更大困难。曾为《绅士杂志》撰稿的塞缪尔·波伊斯（Samuel Boyce）在最困难的时候曾经只裹着一张毯子坐在床上，毯子上挖两个洞以便能够写作，出门与书商们洽谈"生意"时没有体面的衣服，只得将白纸绕在脖子和手上。[①] 萨维奇一度流离失所，在田野和街道上进行写作，"他在游走的时候形成语言，进入杂货店祈求笔墨，将自己的构思写在捡到的纸上"。[②] 最终理查德萨维奇死于狱中，甚至连安葬的钱都是门卫捐助的。业已成名的人物亦不能摆脱囊中羞涩的状况，1759年，塞缪尔·约翰逊（Samuel Johnson）早已小有名气，其母亲去世却无以为葬，秉烛七个日夜写出《拉塞拉斯》才得以应付葬礼。[③] 即便到1800年，名满英伦的科勒津治返回英国，依然需要借住在朋友家中，经常接受官方或慈善机构的补贴，久病以及鸦片的吸食影响了写作，甚至子女的学费都靠朋友资

　　① Alexandre Beljame, *Men of Letters and the English Public in the 18th Century, 1660—1744*, p.349.

　　② Alexandre Beljame, *Men of Letters and the English Public in the 18th Century, 1660—1744*, p.348.

　　③ 刘意青：《英国18世纪文学史》，外语教学与研究出版社2006年版，第135页。

助。① 总之，经济来源是早期报人群体很难解决的问题，很多时候生活的困顿伴随他们终生。

报人所处政治环境亦不乐观。17、18 世纪，处于政党政治时期的伦敦报人群体很难置身事外，为生活所迫他们不得不接受党派津贴并为其效力，像笛福、约翰逊、托比亚斯·斯摩莱特等著名报人均接受过党派津贴。然而这种做法往往受到报复，为辉格党党报《空中邮报》写作的乔治·里德帕斯（George Ridpath）在托利党人的眼中便是一个"煽动性人物，文字诽谤的制造者，臭名昭著"，因撰文反对签订《乌特勒支和约》而被关入监狱，后被迫逃往荷兰。②《考察家》的创办者查尔斯·莱斯利（Charles Leslie）亦因写作反对辉格党的小册子而被迫逃离英国。报人们亦经常遭到暴力恐吓，《空中邮报》的创办者塔钦（John Tulchin）批评时政，攻击安妮女王，1707 年，遭到政敌的殴打，不久因伤重不治而亡，③ 就连"报业之父"丹尼尔·笛福也曾收到匿名信，信中威胁要暗杀他，

---

① Nigel Cross, *The common writer: life in the nineteenth—century Grub Street*, New York: Cambridge University Press, 1985, p.53.

② Richard Savage, *An Author to be Let*, 转引自 Manuel Portela, *Writing for money*, Retrieved September 20, 2016, from the World Wide Web: http://www. uc.pU pessoal/m portel a/arslonga/MPEN SA JOS/writing_ for money.htm.

③ H.C.G. Matthew and Brian Harrison, *The Oxford Dictionary of National Biography*, London: Oxford University Press, 2004, pp.708—711.

并推倒他的房子。与此同时，为规范出版市场，政府成立出版法庭，制定了针对出版行业的煽动诽谤法。这一法令对于报人的惩罚十分常见，一般有三种：戴颈示众、监禁以及罚款。笛福经历过全部三种惩罚，很多报人亦都有被监禁的经历，曾为众多刊物撰稿的著名诗人克里斯托弗（Christopher Ligota）1768 年入狱，不堪狱中生活，于 1771 年死于狱中。即使到了18 世纪末 19 世纪初，有些入狱报人为了生存在狱中依然需要写作，波希米亚主义报人托马斯·阿什（Thomas Ashe）会付钱给同监狱中的其他人来保持一个安静的写作环境，以保证能够继续写作。① 像阿什一样在监狱中依然能够写作的并不常见，曾为《文艺论坛》(Athenaeum)编辑的托马斯·基布尔·赫维（Thomas Keble Hervey）多次入狱，由于没有足够钱，没有单独的房间，连写作必需品都缺乏，甚至没有床，更不用说写作的桌子。②

18 世纪末 19 世纪初，在工业革命的推动下报刊经济实力不断提升，报人生活状况也随之改观。首先，收入明显提高，与 18 世纪的报刊经济来源全靠恩主恩赐不同的是，工业革命时期报刊逐渐成为了以营利为目的的产业。在伦敦，18 世纪

① Nigel Cross, *The common writer: life in the nineteenth—century Grub Street*, p.45.

② *Thoams Apperley to W. H. Landon*, 6 May 1838.

七八十年代的报刊年收益一般在 1500 英镑到 2000 英镑之间，到 1820 年左右，《纪事晨报》年收益能达到 12000 英镑，《先驱晨报》和《星报》的年收益也在 6000 英镑到 8000 英镑左右。[1]与此同时报人的收入也水涨船高，1790 年，报刊在记者和编辑人员的花费上每周大约为 20 到 30 英镑，而 1850 年每周平均为 300 英镑左右。某些著名报人，如《泰晤士报》的托马斯·巴恩斯（Thomas Barnes），年收入约为 1000 英镑，[2]格林·伍德（Greenwood）在《派尔-麦尔公报》担任编辑时的年收入是 2000 英镑。[3]而在 1781 年，同为著名编辑的议会记者詹姆斯·斯蒂芬（James Stephen）每周的工资只有两基尼，《纪事晨报》议会记者的罗伯特·斯潘基（Robert Spankie）亦是每周两基尼。不仅如此，19 世纪 70 年代以后，新闻记者的工资快速上涨，19 世纪末 20 世纪初，在大型报刊工作的新闻记者和专栏作家的收入已经相当可观，很多人甚至拥有报刊的股份。[4]

　　社会救济的扩大亦在一定程度上为报人群体提供了较大帮助。工业革命期间，报人群体积极地成立一些组织来帮助自身

---

① Hannah Barker, *Newspapers, politics and English society, 1695—1855*, London: Langman, 2000, p.95.

② Hannah Barker, *Newspapers, politics and English society, 1695—1855*, p.103.

③ D. Griffiths, *Fleet street: five hundred years of the press*, pp.116—117.

④ 陈力丹、董晨宇：《新闻传播史》，第 171 页。

建立职业自信、互帮互助，如查尔斯·麦凯（Charles Mackay）等于 1842 年成立了一个作者、记者和评论家联盟——米尔顿研究所（Milton Institute）。[①]1837 年《广告人晨报》的编辑安德森先生（Mr Anderson）创立报纸新闻慈善协会（Newspaper Press Benevolent Association），该协会的目标是为一些沦落的记者提供补助，给予小额奖金来缓解暂时贫困。1858 年成立的专业报人经营的公积金和慈善基金，在《每日电讯报》和《晨邮报》支持下成为 19 世纪后期资助报人的重要组织。政府也通过创建基金会和对基金会进行赞助的方式积极参与救助活动。1820 年，为了"奖励文学贡献、激发文艺人才"，乔治四世国王创立英国皇家学会，1824 年，提供 1000 基尼来奖励合伙文人，并承诺每年拿出 1000 基尼来救助文人。[②]1839 年，在维多利亚女王和阿伯特王子的资助下，皇家文学基金会共拨出 1590 英镑，使 88 人受惠。[③] 通过义演筹集资金来救助有困难的文人亦是一种较为普遍的方式，其中最出名的要数狄更斯，他组织了一个业余公司专门从事义演活动筹集资金救助文

---

① Charles Mackay, *Forty Years' Recollections of Life, Literature and Public Affairs, 1930—1870*, Volume 2, Nabu Press, 2010, p.174.

② Nigel Cross, *The common writer: life in the nineteenth—century Grub Street*, p.55.

③ 徐洁文：《皇家文学基金会》，《文史杂志》1987 年第 2 期。

人。1847 年，狄更斯为李·亨特和约翰·普尔（John Poole）进行了其第一次义演募捐活动，1857 年，道格拉斯·杰罗德（Douglas Jerrod）去世，狄更斯的义演筹得 2000 英镑帮助其家人。① 这些形式的社会救济对伦敦报人起到了十分重要的帮助作用，晚年的科勒津治在亲友以及众多慈善机构的帮助之下生活状况较为良好，基本没有经济问题，诸如托马斯·塔尔福德（Thomas Talfourd）、查尔斯·奈特（Charles Knight）、亨利·科尔伯恩（Henry Colburn）② 等报人均曾受到这些组织机构的帮助。

工资水平的提高和社会的救济等使得报人生活状况逐步

---

① 李·亨特曾创立过《考察者》《镜报》《指示灯》等；著名戏剧家道格拉斯·杰罗德也曾经创建过报刊《杰罗德的先令杂志》(Jerrold's Shilling Magazine) 以及《道格拉斯·杰罗德周报》(Douglas Jerrold's Weekly) 详见 Nigel Cross, *The common writer: life in the nineteenth—century Grub Street*, NewYork, 1985。

② 托马斯·塔尔福德（Thomas Talfourd）曾经为《季刊评论》(*Quarterly Review*)、《伦敦杂志》(*London Magazine*) 撰稿；著名出版商查尔斯·奈特（Charles Knight）曾创办《便士杂志》(*The Penny Magazine*)、《一便士百科全书》(*The Penny Cyclopaedia*)、《英国百科全书》(*The English Cyclopaedia*)、《地方政府记事》(*Local Government Chronicle*) 等；亨利·科尔伯恩（Henry Colburn）创办《新月杂志》(*New Monthly Magazine*)、《大众记事》(*Universal Register*)。这些报人均或多或少的接受的这些组织机构的帮助。关于格拉布街文人受资助的状况详见 Nigel Cross, *The common writer: life in the nineteenth—century Grub Street*, NewYork, 1985。

改善。早在 18 世纪末，一些著名报人便开始踏足上层生活圈子，《记事晨报》的詹姆斯·佩里（James Perry）与辉格党贵族就保持着良好的友谊，甚至可以邀请皇室成员进餐。19 世纪初，一些报人的生活更是有了长足的进步，查尔斯·奈特描述："《英国出版报》(British Press) 中一个编辑的妻子莱恩夫人每天早上在客厅举行一次由作家、演员、艺术家和国会议员等参加的会谈，并从这些人口中得知城市中的一些八卦。" ①《太阳报》编辑威廉·乔丹在自传中描述了 1813 年到 1817 年与埃尔登勋爵、卡斯特雷加勋爵以及其他内阁部长在赛尔街酒店中日常就餐的情况。②《约翰·布尔》的创始人西奥多·胡克（Theodore Hook）经常出现在梅费尔（Mayfair）的时尚沙龙以及其闺房中。③《信使报》的编辑托马斯·乔治·斯帝利特（Thomas George Street）甚至会安排最豪华的活动，来使上层社会和各专业中最杰出的人物享受娱乐。④ 此时期，随着报

① Charles Knight, *Passages of a Working Life, I*, London: Bradbury & Evans, 1864, p.13.

② William Jordan, *Autobiography, i*, p.287.

③ A. Aspinall, The Social Status of Journalists at the Beginning of the Nineteenth Century, *The Review of English Studies*, Vol.21, No.83 (Jul., 1945), p.229. Published by: Oxford University Press, Stable URL: http://www.jstor.org/stable/509176Accessed: 01-08-2017 10: 34 UTC.

④ William Jordan, *Autobiography, i*, p.92.

人工资水平的提高很多文人乐于成为一名编辑或者记者，像狄更斯、萨克雷等著名文人亦多为报刊杂志撰稿。19 世纪 50 年代以后，作为一名编辑或者记者成为众多底层文人的重要收入来源，像著名文人詹姆斯·汉内（James Hannay）曾是《记事晨报》的记者，亦曾是《帕斯昆》的编辑，曾为《每日电讯报》等多家报刊撰稿的自由记者亨利·萨拉（Henry Sarah）一篇文章大约有 6 个基尼，在每年大约有 300 基尼的收入中享受着"还过得去的生活"。① 由此可见，在社会变革的过程中，报人的生活状况有了较大改善，与工业革命之前从事众多兼职工作来养家糊口的自由报人相比而言，在此时期，编辑和记者这一职业成为众多报人的主要经济来源，很多报人仅从事这一工作边便能够很好地生活，这也直接促使众多职业报人的出现，促进了新闻出版产业的专业化。

二、社会地位

工业革命之前的伦敦报人作为最早的雇佣文人为金钱而写作，这样的生存方式不被当时的社会认可，被看成是"被黑客和煽动者占据，为了政治家报酬的贪婪冒险者，更有甚者致

---

① Nigel Cross, *The common writer: life in the nineteenth—century Grub Street*, pp.53—55.

力于邪恶目的，煽动大众对抗已经建立的统治阶层"。① 塞缪尔·约翰逊曾对格拉布街报人评价说："他们是贫困且默默无闻的一族，这是由于普通的理解力无法理解他们的用处。他们生前未获承认，死后亦无人同情，长期遭受侮辱却没有辩护者，遭受别人的指责却没有人向他们道歉。"② 曾经创办《伦敦间谍》(*The London Spy*) 的内德·沃德 (Ned Ward) 也对自身的状况描述道："我们与妓女十分相似……如果要问我们为什么要干这种臭名昭著的下贱的、写小册子的工作，答案就是：暗淡的命运导致的不幸境遇逼着我们干这一行来养家糊口。"③从他们的描述中可见，早期报人群体因生计所迫而从事新闻出版行业，为了赚取一点报酬而为报刊杂志写作文章，时刻承受着大众的指责和谩骂。

导致报人地位较低的原因是多方面的，主要则是报刊报人自身以及当时社会和政府的敌视。首先，工业革命之前的报刊杂志十分不规范，给人许多口实。刊物相互抄袭甚至编造故事的情况十分普遍，交通通讯条件的落后造成时效性较差，报刊

---

① Bob Clarke, *From Grub Street to Fleet Street*, p.256.

② Edward Hart, Portrait of a Grub: Samuel Boyse, *Studies in English Literature, 1500—1900*, Vol.7, No.3（Summer 1967）, p.416.

③ Howard W. Troyer, *Ned Ward of Grub Street: A Study of Sub-Literary London in the Eighteenth Century*, London: Routledge, 1968, p.3.

内容亦多缺乏准确性且粗俗 ①。这些使得新闻出版行业声誉较低，报人群体也受之所累。报人行为亦多为人诟病，处于党派斗争的政治环境下，他们多接受党派津贴相互攻击，很多人亦经常一稿多投、盗版以及进行抄袭 ②。这些行为使得他们备受质疑，受到鄙视，也是社会地位不高的重要原因。其次，当时的英国处于贵族精英的统治之下，而报人群体却通过写作吸引

---

① 早期的新闻出版业确实存在诸多问题艾迪逊曾讽刺道："大不列颠的新闻记者比士兵更为英勇，当我们的军队按兵不动时，新闻记者发起了多处进攻，当我们的长官满足于伟大的合战时，新闻记者已经取得了辉煌的胜利。在尤金亲王杀死上千人的地方，博耶（一名格拉布街文人）杀死了一万人。交通通讯条件的落后造成时效性较差，法国的事件要一周之后才能出现在报纸上。报刊内容亦多粗俗，有些报刊为增加发行量甚至出现妓院指南等低俗内容。这些状况使得刊物的声誉受损，一度被描述为"剪刀加胶水的行业"。详细内容在下文职业表现中有叙述，具体可参见吴伟：《格拉布街：英国新闻业往事》，北京大学出版社 2010 年版，第 126—127 页，Pat Rogers, *Grub Street: studies in a subculture*, New York: Routledge, 2014, p.291.

②《绅士杂志》充当雇佣文人的波伊斯经常将作品一稿多投，把自己的诗寄给任何可能付给他稿酬的人。相互抄袭的状况亦较为常见，很多报刊晚上刊登早报上的事件，第二天早上又刊登前天晚上的事件，新闻旧闻相互交错混乱不堪。曾经在《绅士杂志》等刊物上充当雇佣文人的萨维奇经常以蒲柏或斯威夫特的名义胡乱编造文章，其说道："我有时是盖伊先生，有时又是伯纳特或者艾迪逊。我删减历史和游记，翻译根本不存在的法语书，而且擅长为旧书寻觅新的书名……"下文职业表现中进行了详细叙述，具体可参见 Richard Savage, *An Author to be Let*, 转引自 Manuel Portela, *Writing for money*, Retrieved September 20, 2016, from the World Wide Web: http://www.uc. pU pessoal/m portel a/arslonga/MPEN SA JOS/writing_ for money. htm。

民众的注意和评论，使得议会和政府受到公众舆论的压力，自然会遭到政府上层的敌视。政府将报人群体视为犯罪群体，处于党派政治和煽动诽谤法的压制之下，报人为维持生计，要么接受执政党津贴为政府写作，要么写作高风险的反政府文章来赚取高回报，于是，众多报人都因煽动诽谤罪而成为不停轮换的政府的犯罪人物。入狱亦成为家常便饭，像乔治·里德帕斯、查尔斯·莱斯利、约翰·塔钦甚至笛福都曾因政治问题而犯罪入狱，很多格拉布街报人反复的被抓被放，久而久之，他们便适应了这一切而将其看成生活的一部分，像妓女一样时常被骚扰而不会抱怨。[①] 报人群体亦是社会极力嘲讽对象，讽刺文人极尽所能地将他们与下层生活相联系。笛福就曾被政敌说成是为了金钱而出卖灵魂的无耻之徒、江湖骗子……靠诽谤过日子的文人。约翰逊亦被称为生活在肮脏地方的酒鬼。著名人物尚且如此，普通报人更是被嘲讽一文不值，蒲柏的《群愚史诗》（*The Dunciad*）便以"群愚"来影射格拉布街的批评家、诗人和书商等报人群体，甚至将格拉布街比喻为粪堆，将生活在格拉布街的报人视为生活在粪堆里的无知愚人。[②]

　　总之，在商业化浪潮刚刚出现的 18 世纪，报人群体被看

---

　　① Pat Rogers, *Grub Street: studies in a subculture*, New York: Routledge, 2014, p.286.

　　② 关于对格拉布街报人的讽刺详见 Alexander Pope, *The Dunciad*, Kudzu House, 2007。

成是雇佣文人，生活方式不被当时的社会认可，受到政府和社会的打压，游走于城市的边缘，工作被用"粗俗""下流"等词汇来形容。主流社会将他们的写作热情等同于犯罪、卖淫以及疾病的传播，并为他们构建格拉布街这个与他们的身份地位相匹配的地方，可以说"格拉布街文人"这一侮辱性称号代表的便是当时报人群体所处的社会地位。

直到 19 世纪 20 年代，很多上层的政治家依然将报人群体视为"惟利是图的雇佣文人"的典型，即使是处于较高地位的报刊编辑亦不被认为属于绅士的范畴。沃尔特·斯科特（Walter Scott）曾表示自己与报刊的所有联系或者成为一名编辑是一种耻辱和倒退的行为。[①] 洛克哈特（Lockhart）亦认为任何一名绅士都不愿意成为一名编辑，因为成为编辑必须要牺牲自己的尊严，甚至认为本杰明·迪斯累利（Benjamin Disraeli）创办报刊致使自己从所在的阶层中脱离出去。[②] 然而，在迪斯雷利的多次邀请下其最终同意为刊物提供建议撰写文

[①] A. Aspinall, The Social Status of Journalists at the Beginning of the Nineteenth Century, *The Review of English Studies*, Vol.21, No.83（Jul., 1945）, p.218. Published by: Oxford University Press, Stable URL: http://www.jstor.org/stable/509176Accessed: 01-08-2017 10: 34 UTC.

[②] A. Aspinall, The Social Status of Journalists at the Beginning of the Nineteenth Century, *The Review of English Studies*, Vol.21, No.83（Jul., 1945）, pp.218—219. Published by: Oxford University Press, Stable URL: http://www.jstor.org/stable/509176Accessed: 01-08-2017 10: 34 UTC.

章，这一点表明对于赚取报酬的报刊的偏见正在崩塌。事实上早在 18 世纪末 19 世纪初，随着工业革命的开展，政治集会、教堂布告以及其他形式的印刷媒体的衰微，报刊便由早期的社会边缘媒体逐渐成为主要的信息提供媒介，作为公众舆论风向标的报刊真正具体化为有力的社会力量，报人群体因而逐步赢得社会尊重，社会地位有了很大提高。

最早的关于新闻出版产业地位提高的论说是关于"第四等级"的谈论。18 世纪末 19 世纪初，参与议会的新闻记者被称为议会中三个等级之外的"第四等级"，英国历史学家托马斯·卡莱尔（Thomas Carlyle）在《论英雄与英雄的崇拜》（*On Heroes, Hero-worship, and the Heroic in History*）中记述："除了贵族、僧侣和资产者外，还存在第四个等级，即坐在记者席上的新闻记者们，而且在其看来，这一等级比'那三个等级都重要'，如今可以对整个国家发言的人获得了一种权利，成为了政府的一个分支，并在法律的制定以及国家权利的所有行为中具备了不可忽视的力量"。[1] 在这种力量的影响下报人群体开始为社会所承认，许多报人与一些政治家建立了密切的联系，《记事晨报》的詹姆斯·佩里在 18 世纪末便开始被贵族上层认可，1798 年，德比伯爵说："和佩里相熟是一件很光荣的事情"，贝德福德更是对其渊博的知识、优秀的品质和坚定的

---

[1] T. Carlyle, *On Heroes, Hero-worship, and the Heroic in History*, Oakland: University of California Press, 1993, p.223.

政治原则提出了赞美。^①1800 年，威廉·科贝特回到英国，受到了政府人员的热烈欢迎，甚至和外交部副部长乔治·哈蒙德一起吃饭，与威廉·斯科特先生、霍克斯伯里爵士、利物浦爵士以及总理进行了会见。^②《弗里曼杂志》(*Freeman's journal*)的编辑 P. W. 哈维 (P. W. Harvey) 在 1812 年称，自己与英国摄政王熟识十六年以上，《太阳报》业主约翰·泰勒在 1819 年亦曾说，他认识总理大臣埃尔登伯爵已经有三十多年，考文垂伯爵是他"特别的朋友"。^③《泰晤士报》主编巴恩斯被称作"英国最有权力的人"，^④1834 年 12 月初，经巴恩斯介绍，林德赫斯特爵士与记者刘易斯·戈德谢米特 (Lewis Goldsmit) 的女儿结婚。^⑤许多编辑和记者亦成为了一些绅士俱乐部的成员，

---

① A. Aspinall, The Social Status of Journalists at the Beginning of the Nineteenth Century, *The Review of English Studies*, Vol.21, No.83 (Jul., 1945), p.227. Published by: Oxford University Press, Stable URL: http://www.jstor.org/stable/509176Accessed: 01-08-2017 10: 34 UTC.

②③ A. Aspinall, The Social Status of Journalists at the Beginning of the Nineteenth Century, *The Review of English Studies*, Vol.21, No.83 (Jul., 1945), p.228. Published by: Oxford University Press, Stable URL: http://www.jstor.org/stable/509176Accessed: 01-08-2017 10: 34 UTC.

④ *The Greville Memoirs*, 19 November 1834.

⑤ A. Aspinall, The Social Status of Journalists at the Beginning of the Nineteenth Century, *The Review of English Studies*, Vol.21, No.83 (Jul., 1945), p.229. Published by: Oxford University Press, Stable URL: http://www.jstor.org/stable/509176Accessed: 01-08-2017 10: 34 UTC.

并且混迹于当时的高级社团和政治上层的餐会之中，在这个层面上的报人已经成为社会精英。

19世纪中后期，记者已经没有了负面含义，随着大众商业报刊的发展，工作于新闻出版业的编辑和记者已成了受人尊敬的职业。[①]19世纪50年代，《泰晤士报》对于克里米亚战争的报道在英国社会中引起了巨大反响，其战地记者威廉·霍华德·拉塞尔（William Howard Russell）回国后与首相共进晚餐，母校授予他名誉法学博士学位，其后又成为英国第一个被封为骑士的记者。[②]英国作家雨果·博格指出："克里米亚战争对于新闻业的发展具有重要的意义，在这场战争中，新闻业显示出它作为一种专业正在赢得尊敬。"[③]1884年国家记者联盟建立，记者真正转变成一项职业。实际上从19世纪80年代开始，很多的新闻记者和政治通讯员与政治家便有着相同的社会和教育背景，一些议员为了能够更好地立足伦敦，甚至会在

---

① John Timbs, *Curiosities of London: Exhibiting the Most Rare and Remarkable Objects of Interest in the Metropolis, with Nearly Sixty Years' Personal Recollections*, University of California: Longmans, Green, Reader, and Dyer, 1868, p.385.

② 陈力丹：《世界新闻传播史》，上海交通大学出版社2016年版，第39页。

③ 雨果·德·博格、姬琳：《调查性报道的发端》，2009年3月2日，http://www.360doc.cn/article/16099_2691672.html，2017年9月20日。

业余时间从事记者工作。报刊编辑记者亦多有成为政客，如记者和政治家贾斯廷·麦卡锡（Justin McCarthy）在 18 岁便开始从事记者工作，先后为《北部每日时报》(*Northern Daily Times*)、《晨星报》(*The Morning Star*)、《每日新闻》工作，在 1879 年其成为了一名议员，其后更是成为了爱尔兰议会党主席；约翰·麦金农·罗伯森（John Mackinnon Robertson）先后在《爱丁堡晚间新闻报》(*Edinburgh Evening News*) 以及《全国改革者报》(*National Reformer*) 等刊物从事新闻编辑工作，1895 年亦曾经创办《自由评论》(*Free Review*)，1906 年其当选为议会议员，后又担任过议会秘书；詹姆斯·拉姆齐·麦克唐纳（James Ramsay MacDonald）在成为首相之前亦是舰队街的一名政治记者，其在 1893 年加入了劳工党，1924 年当选为首相，到 20 世纪初，新闻从业者从政已经是一件极其正常的事。[1] 据统计，1900 年，大约有三十名报刊业主取得了英国下议院议员的席位，到 1906 年，英国众议院的议员中，新闻从业者成为了继律师、军人之后的第三大职业。[2]1903 年《每日电讯报》的爱德华·列维·劳森（Edward Levy Lawson）成为第一个报人男爵，其后，一手创建北岩报团的阿尔弗

---

[1] 关于新闻从业者从政的状况详见 Dennis Griffiths, *The Encyclopedia of the British Press, 1422—1992*, Palgrave MacMillan, 1993.

[2] 陈力丹、董晨宇：《新闻传播史》，第 171 页。

雷德·哈姆斯沃斯（Alfred Harmsworth）及其兄弟哈罗德（Harold）被封为了北岩勋爵和罗瑟米尔爵士，出版男爵时代的来临标志着报人群体地位的彻底改变，对报人的侮辱性词汇"格拉布街文人"消失在了历史的洪流中。

三、职业表现

早期的伦敦报人群体一直被看成是一群用手中的笔来混饭吃、借报刊来发泄个人牢骚、没有进取精神的无聊文人。[1]记者、编辑亨利·萨拉（Henry Sara）作为一个常年混迹于格拉布街的报人，感觉自己这一群体不像是在工作，大多数人就像是怠惰的小狗，在巴黎和伦敦的街头上游荡，……每周用于写作的平均时间不超过四个小时。[2]实际上，早期从事新闻出版这一新生行业的报人只是为了谋生，他们作为新的社会群体职业定位尚不明确，职业道德亦无从谈起。塞缪尔·约翰逊曾指出，18世纪的新闻作者是没有美德的，为了自己的利益编写谎言，他们"不需要天分和知识，但是对真理的羞辱和漠视是绝对必要的"。[3]约翰逊自己早年为谋求生计不得不在报刊杂志充当雇佣文人，亦曾被描述为一个没有固定的立场，只要付

---

① Bob Clarke, *From Grub Street to Fleet Street*, p.256.

② https://en.wikipedia.org/wiki/Grub_Street.

③ Bob Clarke, *From Grub Street to Fleet Street*, p.9.

钱可以帮任何人写作的毫无诚信和名誉的文学流氓。① 笛福亦经常写作不同立场的文章，以至于被称为"唯利是图的精神妓女"。② 像笛福和约翰逊这样的著名人物尚且如此，其他报人的境况可想而知。

在资料缺乏的情况下报人很多时候会编造报道，艾迪逊曾讽刺道："大不列颠的新闻记者比士兵更为英勇，当我们的军队按兵不动时，新闻记者发起了多处进攻，当我们的长官满足于伟大的和战时，新闻记者已经取得了辉煌的胜利。在尤金亲王杀死上千人的地方，博耶（格拉布街报人）杀死了一万人。"③ 由此可见内容的失实程度。而且，很多靠投稿为生的报人确有一些不端行为，塞缪尔·波伊斯经常将作品一稿多投，把自己的诗寄给任何可能付给他稿酬的人。相互抄袭的状况亦较为常见，很多报刊晚上刊登早报上的事件，第二天早上又刊登前天晚上的事件，新闻旧闻相互交错混乱不堪。理查德·萨维奇经常以蒲柏或斯威夫特的名义胡乱编造文章，其说道："我有时是盖伊先生，有时又是伯纳特或者艾迪逊。我删减历史和游记，翻译根本不存在的法语书，而且擅长为旧书寻

① Bob Clarke, *From Grub Street to Fleet Street*, p.5.
② K. Willias, *Read All About It: A History of the British Newspaper*, p.60.
③ 吴伟:《格拉布街：英国新闻业往事》，第126—127页。

觅新的书名……"①交通通讯条件的落后造成时效性较差，法国的事件要一周之后才能出现在报纸上。报刊内容亦多粗俗，有些报刊为增加发行量甚至出现妓院指南等低俗内容。②这些状况使得刊物的声誉受损，一度被描述为"剪刀加胶水的行业"。报人群体的这些行为使得他们备受质疑，受到社会的鄙视。

早期的报人群体自从诞生之日开始便受政府压制，党派政治时期，报人群体不得不依附于政党，成为相互争斗的舆论工具，他们多接受党派津贴相互攻击。例如笛福，在其写作生涯中数次转换政治立场，学者马丁康博评价说："笛福是一位极端的实用主义者，既是一位温和的辉格党人，也是一位温和的托利党人，所以同时为两个党派写作或者偶尔改变拥护对象并不是困难的事情"。③辉格党刊《辉格考察家》的主笔约翰·塔钦（John Tutchin）亦是典型的政论报人，其站在辉格党的立场上攻击托利党政府，一度因此逃离英国。④尼古拉斯·阿莫

---

① Richard Savage, *An Author to be Let*, 转引自 Manuel Portela, *Writing for money*, Retrieved September 20, 2016, from the World Wide Web: http://www.uc.pU pessoal/m portel a/arslonga/MPEN SA JOS/writing_ for money.htm。

② Pat Rogers, *Grub Street: studies in a subculture*, p.291.

③ Martin Conboy, *Journalism: A critical History*, London: Sage, 2004, p.61.

④ H.C.G. Matthew and Harrison, Brian. *The Oxford Dictionary of National Biography*, pp.708—711.

斯特（Nicholas Amherst）则是倾向于托利党的《匠人》的著名撰稿人，多次撰稿反对辉格党政府，并因此被抓进监狱。此时期的格拉布街文人很难摆脱政党影响，如查尔斯·莱斯利、乔治·里德帕斯（George Ridpath）、威廉·阿纳尔等都是政论报人，他们没有自己的立场，很多时候为津贴而写作，《格拉布街杂志》(*Grub Street Magazine*) 曾报道说："他们随时准备加入能够给予更高报酬的一方，职业道德与他们毫无关系。"①

总而言之，工作于煽动诽谤法压制之下的新闻出版产业，报人群体受制于政府，行为是否合法也完全由政府定性。尽管如此，早期报人群体的写作中亦存在部分对于黑暗社会现象的抨击，②对社会发展起到一定推动作用，18世纪后半叶亦出现了像威尔克事件和朱比厄斯来信事件那样少数为出版自由而努力的抗争。但是，早期新闻出版产业所产生的影响始终未能形

---

① Bob Clarke, *From Grub Street to Fleet Street*, pp.58—60.

② 约翰逊在《伦敦》一诗中充满了怀才不遇的心境，描述了拜金主义社会中穷人的不幸境地，在《人类希望的幻灭中》(*The Vanity of Human Wishes*) 更是叙述道："知识分子的生活有很多可怕之处：谩骂、傲慢、嫉妒、欲望、贫困和坐牢"。盖伊的《乞丐的歌剧》，斯威夫特的《格列夫游记》(Gulliver's Travels)、蒲柏的《群愚史诗》等都是讽刺英国社会的名作。这些作品对当时的社会进行了揭露，透露出文人们对于社会的不满，客观上也推动英国社会的发展。

成对抗政府的具象化力量。18世纪末19世纪初工业革命时期，在资本主义商业快速发展的背景下，报刊的经济实力不断增长，专业化水平不断加强，报人素质亦不断地提高，报刊逐步发展成为公众舆论的风向标，对社会和国家产生重要的影响。

随着经济实力的提升和新科技的运用，报刊组织形式逐步变化，专业分工更加明确。1808年《泰晤士报》在沃尔特二世的主持下试行总编辑制度，1817年正式任命托马斯·巴恩斯为总编辑，开创了所有者主管经营，另外聘请总编辑的制度，随后其他报刊纷纷效仿。19世纪20年代，英国众多报刊都设置了一位主编、一位副主编、10—14名记者、30—35位排字工、若干校对员、两位或者更多负责广告和记账的会计、一些印刷工人和送报工人。[1] 到1850年，据相关人员估计平均一家日报有一位主编，三位编辑，六个议会记者，十个通讯员和一些其他的作者，一些外国的记者和机构以及一些地方通讯员等，在生产方面，除了经理和出版人员外，平均每家还有大约五十名印刷工作人员。[2]

新闻记者和文字编辑的专业化水平亦不断提高。与早期仅仅作为材料收集者的记者不同的是，18世纪末19世纪初，编

---

[1] K. Willias, *Read All About It: A History of the British Newspaper*, p.82.

[2] Hannah Barker, *Newspapers, politics and English society, 1695—1855*, p.102.

辑和记者不仅通过士兵和水手来获得信息，更是亲身参与一些事件，例如，报纸会付钱让他们参加审讯，甚至采访死牢里的犯人并且提供目击描述。[1]议会报道给记者的专业化提供了另一个契机，议会报道需要的对主题的深入了解以及速记要求，对记者的水平提出了更高标准，很多报纸开始雇佣高水平职业记者以期更好的报道议会进程，早在1810年，23名议会记者中至少有18人拥有大学学历。[2]19世纪初，报人的专业化表现最明显的当是《泰晤士报》，经华尔特第二改革后报刊聘请高水平的记者和作家参加报纸工作，雇佣了李·亨特和巴伦·菲尔德作为其戏剧批评家；华兹沃斯和拉姆的朋友亨利·鲁滨逊担任驻汉堡的欧洲记者；剑桥大学的研究员彼得·弗雷泽被雇佣担任社论撰写人，小品文作家威廉·黑兹利特以及诗人塞缪尔·泰勒·科勒津治亦曾为《泰晤士报》工作。19世纪下半叶这一特点更为突出，《每日电讯报》聘请了著名作家乔治·萨拉，从1857年开始萨拉为《每日电讯报》持续撰稿三十年，成为19世纪下半叶英国首屈一指的明星记者，该报驻俄记者埃米尔·迪伦（Emile Dillon）则是精通欧洲各国文字的语言学家。[3]19世纪末，全国更是掀起了

---

[1][2] Bob Clarke, *From Grub Street to Fleet Street*, p.255.

[3] 陈力丹、董晨宇：《新闻传播史》，第142页。

一股新闻出版专业教育的浪潮，众多有着专业背景的人员成为报人。

随着资本主义商业的快速发展，由于发行收入以及广告收费的增加，报刊对政府补贴的依赖大大降低，新闻出版业的独立性与日俱增。《晨邮报》在著名报人斯图亚特（Stuart）的经营下强调经济自立，其经营理念即为"广告既能增加收入又能吸引读者增进发行，反之发行的增加又可以吸引更多的广告"。[①]19 世纪 30 年代，《泰晤士报》的发行量增加到 15000份，随即其"宣布不再接受政府来源的信息，因为这与他们的荣誉和独立是不相符的"。[②]独立性的日益提高使得报刊逐渐开始摆脱政府控制，更多的关注社会问题，对政府政策产生较为有力的影响。

报人群体积极地参与政治宣传和社会批判活动，成为了19 世纪上半叶激进运动、议会改革、反对谷物法、反对印花税和宪章运动等政治运动的舆论指引。激进报人群体是这一时期的运动先锋，《政治纪事周刊》的创办者威廉·科贝特（William Corbett）积极地揭露新闻界在津贴制度下丧失表达自由的各种情形，抵制印花税，为激进运动进行宣传，其倡导

---

① 张允若、高宁远：《外国新闻事业史新编》，第 31 页。
② *The Times*, 26 December 1834.

的温和改革方式对于议会的和平改革作用巨大，对后来的宪章运动亦起到了一定影响。1819 年，"彼得卢惨案"（Peterloo Massacre）①发生后，理查德·卡莱尔（Richard Carlile）创办了《共和党人》（Republician），批判"彼得卢惨案"，对议会改革中建立普遍选举权以及新闻出版产业的自由作出了重要贡献。其后，他创办《雄狮》（The Lion），反对童工，认为"两性平等"应该是所有改革者的目标。②《观察者报》在威廉·克莱门特（William Innell Clement）的主持下，冲破限制，报道了卡图街道阴谋家的审讯过程，使得审讯得以公正进行，开了报道审讯进程的先例。③亨利·赫瑟林顿（Henry Hetherington）创办《两便士报》（The Penny Papers）和《贫民卫报》，反对使用童工，抗议济贫法和政治的腐败，积极推动工人宪章运动，促进人民宪章联盟的建立。④除了激进报人外，《泰晤士报》的广大报人亦是积极批判社会问题，1819年，该报记者约翰·威廉·塔斯（John William Tyas）对"彼

---

① 1819 年 8 月 16 日，8 万人在曼彻斯特圣彼得广场和平集会要求进行议会改革，政府出动民团和骑兵镇压，群众死 11 人，伤 600 人，史称"彼得卢惨案"。

② Martin Conboy, *Journalism: A critical History*, pp.95—104.

③ Bob Clarke, *From Grub Street to Fleet Street*, p.242.

④ Martin Conboy, *Journalism: A critical History*, pp.104—106.

得卢惨案"的报道引起了巨大反响。在第一任主编巴恩斯的主持下《泰晤士报》迅速成为英国首屈一指的权威报纸，尤其是它的社论影响力之大往往能够决定官员的升迁、政党选举的成败，甚至能使国家内阁倒台，因此，巴恩斯被人称为"朱庇特"（The Thunderer）。1852 年，面对英国首相德比伯爵关于《泰晤士报》不负责任的指责，其第二任主编德莱恩写道："记者的首要职责和历史学家是一样的——寻求真相，交给读者……我们无所畏惧，也不用顾忌政治家的喜好，只需要说出全部事实。"① 在这样的理念指导之下，报刊战地记者拉塞尔在克里米亚战争中的报道了英国军方管理混乱、供给不足等诸多问题，揭露了效率的低下和将军的无能。钱纳里（Chenery）则描述了斯库台医院的恐怖，认为医院直接导致了南丁格尔远征中五分之一的士兵死亡。② 关于克里米亚战争的报道引起了英国政坛的动荡，最终导致阿伯丁政府下台，远征军司令撤职以及红十字会的诞生。新任陆军大臣纽卡斯尔公爵甚至对拉塞尔说："是你推翻了政府。"③

---

① *The Time*, Feb.7, 1852.

②《泰晤士报》对于克里米亚战争的报道详见 Bob Clarke, *From Grub Street to Fleet Street*, pp.232—233。

③ Derek, Hudson, *British Journalists and Newspaper*, London: Clarke & Sherwell Ltd, 1924, p.34.

19 世纪下半叶，大众报刊兴起 ①，报刊的发行量不断增长，② 其作为舆论监督工具的影响力亦不断扩大。《每日电讯报》的总编辑爱德华·列维·劳森（Edward Levy Lawson）大胆采用美国式的编辑方式，以更加人性化的内容来吸引读者，例如

---

① 全国报刊的数字，1851 年为 563 家；1862 年报纸 1165 家，杂志 213 家；1880 年报纸 1986 家，杂志 1097 家；1990 年报纸 2234 家，杂志 1778 家。参详见：张允若，高宁远：《外国新闻史新编》，四川人民出版社 1996 年版，第 31 页。在 19 世纪 40 年代，伦敦出现了《劳埃德周报》（*Lloyed Weekly*）、《雷纳德的周报》（*Reynolds's Weekly Newspaper*）以及《世界新闻报》（*News of the World*）等著名的传统报刊此同时，还出现了《伦敦新闻画报》（*The Illustrated London News*）以及《画报》（*Pictorial Times*）等新形式的插图报。1855 年印花税的废除对于舰队街的发展影响亦是深远，仅在 1855 年年内便有几家便士报创建，其中最为著名的就是舰队街的亚瑟·斯里上校（Arthur Sleigh）的《每日电讯报》（*Daily Telegraph*），其后直到世纪末，街道陆续出现了《波迈杂志》（*The Pall Mall Gazette*）、《珍闻》、《星报》（*The star*）、《每日邮报》（*Daily Mail*）以及插图报刊《图像》（*Graphic*）、《便士画报》（*Penny Illustrated Paper*）等众多知名报刊杂志。

② 发行量上最为显著的是《每日电讯报》，这一报刊被约瑟夫·摩西·莱维（Jseph Moses Levy）接管后，价格降为一便士。降价产生了显著效果，到 1856 年的 7 月其日均发行量已达 27000 份，超过了其他的伦敦日报，1860 年，日均发行量达到 147000 份，超过了《泰晤士报》和其他日报的总和，1880 年，日均发行量更是达到了 250000 份，成为世界上发行量最大的报刊。其他报刊的发行量亦较为可观，1881 年，创立之初的《珍闻》的周发行量就能达到 700000 份左右；1888 年创立的《星报》亦能有日均 142600 份的发行量。Bob Clarke，*From Grub Street to Fleet Street*，p.254. Bob Clarke，*From Grub Street to Fleet Street*，p.262—263。

曾经揭露伦敦的卖淫活动而在英国引起轰动。《派尔-麦尔公报》的记者威廉·托马斯·斯特德认为出版业应要成为"改革的发动机"，称"编辑是教育民主的无冕之王"，其曾利用出版界的权威迫使议会改变立法。[①] 在这种情况下，甚至连英国的当权者都感到害怕。[②]

四、报人角色转变与工业革命前后的英国社会

18世纪末19世纪初，在工业革命的推动下英国社会发生了巨大变化，报刊在社会中的作用逐步增强，贸易往来对于商品信息的需要使得报刊成为获取信息的最主要途径。随着工业资本主义的发展，中产阶级取得了较高的经济和政治地位，他们希望通过报刊表达自己的政治观念，保护自身利益。在这样的背景下，随着经济、科技、通讯以及报刊政策等的发展，报刊开始逐步走向独立化、产业化、大众化，报人群体的社会地位亦随之提升，社会角色逐步转变。在这一过程中，报人与社会的关系可以说是相互影响共同转变。

报人群体的角色转变是社会变迁的重要表现，社会的发

① 斯特德曾经在《伦敦郊外的凄泣》(*The Bitter Cry of Outcast London*) 中揭露贫民窟和拥挤的城市贫民的状况，迫使皇家委员会开始关注住房问题。详见 Bob Clarke, *From Grub Street to Fleet Street*, p.259。

② 具体参见上文。

展和进步决定了报刊的发展，进而推动报人群体在社会中的角色转变。工业革命之前，早期报人群体不得不因生计而为报刊杂志写作，报刊杂志则提供相应报酬。在市场经济大行的今天这种交易方式早已习以为常，但是，在17世纪末18世纪初，作为文学商业化浪潮初期的第一代受雇文人，其生存方式与当时的社会价值体系不合，政府通过法令对其进行限制，讽刺文学家对他们进行讽刺和贬低，他们被排挤而成为了一个亚文化边缘群体。18世纪，复杂的党派政治环境造成了新闻出版业与政府之间的特殊关系，一方面，出于政治宣传的需要政府会给新闻出版业提供津贴，由此经济困难的新闻出版业得以生存下去；另一方面，新闻出版业又是反对党派和激进人士批判政府的重要阵地，政府又不得不对其进行压制。处于这样的环境中格拉布街报人群体备受打压而又不至于消亡，他们的缺点被放大化，在人们眼中他们是受雇于党派互相攻伐，编写粗俗读物，热衷于各种花边新闻的"黑客文人"，这一点不得不说是时代带给他们的不幸。

工业革命时期，各种自由主义思潮的出现，为新闻出版业提供了愈发宽松的政治环境。19世纪上半叶，随着知识税的逐步废除，英国的新闻自由在法律上最终确立。同时，各种工业技术为其发展提供了技术支持，1814年《泰晤士报》引进高速印刷机取代了四个半世纪以来的古登堡木刻印刷。① 其后木浆材料纸张的使用，印刷机得以连续印刷，② 这些不仅降低单位成本而且有助于提升报刊发行量。社会的发展和进步直接推动了新闻出版产业的发展，日益独立的而强大的新闻出版业也使得社会和政府不得不重新审视报人这一群体，他们逐渐褪去了雇佣文人的色彩而为社会所接受，而且被冠以"第四等级"的称号。

报人群体在角色转变的过程中亦积极推动社会发展。18世纪前后，社会转型时期的动荡政治环境下，报人群体创办报刊、发行杂志，在他们的努力之下英国的新闻出版业得以不断发展。他们在报刊杂志上发表文章，品论时事，构建了一个以格拉布街为基础的公共领域，为英国民众打开了了解本国政治的窗口，搭建了公众舆论参与国家政治生活的平台，极大地促进了英国社会的民主进程，成为英国社会发展进步的重要推动力。如果说格拉布街文人的新闻出版活动没有形成具象化的推动社会发展的力量，那么19世纪，"第四等级"的报人群体的新闻出版活动则直接与声势浩大的公众运动相连接，在激进运动、议会改革运动、反对贫困法和谷物法运动以及宪章

---

① 尤尔根·哈贝马斯：《公共领域的结构转型》，第222页。
② Bob Clarke, *From Grub Street to Fleet Street*, p.266.

运动中发挥了重要作用，真正成为了影响社会发展的重要力量。与此同时，他们不仅在政治问题上，亦在文化和科技上起到了重要的传播和普及作用，1841 年，由亨利·马修（Henry Mayhew）和埃比尼泽·兰德尔斯（Ebenezer Landells）创办的《笨拙》（Punch）对于女性的教育起到了重要的作用；威廉·托马斯·斯特德通过众多的刊物向民众解释一些经济知识；诺曼·洛克（Norman Lockyer）创办《自然》（Nature）向大众展示了丰富的自然科学知识。①

"格拉布街文人"到"第四等级"，体现的不仅是报人群体得到社会认可的过程，更是英国社会体系转型重建的过程。无论是备受打击还是地位显赫，伦敦报人群体演绎了英国新闻史上波澜壮阔的一幕，都对社会的发展进步做出了重要贡献。

---

① 报刊对科技知识的传播以及对民众的教育作用详见 Louise Henson, *Culture and science in the nineteenth-century media*, London: Ashgate, 2004。

第二章

报刊与法国大革命

1789 年法国大革命激起了一场持久而激烈的意识形态的辩论，导致了英国精英阶层到普通民众的分裂。辩论双方，一方希望英国能够赶超作为榜样的法国，而另一方则害怕大革命会摧毁现存的政治和社会秩序。从 1789 年到 1815 年，基于国内外局势，双方在报刊上关于法国大革命的问题展开了激烈辩论，国内舆论对大革命的态度也经历了由最初的欢迎到反对，再到最后的反对战争呼吁和平的转变。在这一过程中，报刊作为舆论的风向标，直接反映当时英国对于大革命态度的转变，也体现了英国政治气候的变化。关于英国报刊与法国大革命的研究中，安德鲁斯

（Stuart Andrews）① 探究了法国大革命时期伦敦的重要期刊对
大革命的态度和论战，史密斯（Martin John Smith）和哈里斯
（Bob Harris）② 对大革命时期的激进报刊做出了研究。同时，
国内外也出现了一些大革命时期英国政治的研究③，亦多涉及
英国报刊与法国大革命的内容。本章探究英国报刊对法国大革
命态度转变的过程，分析态度转变的原因，希冀能够为理解英
国对法国大革命的态度转变提供借鉴，增进对于近代英国社会
转型的认识。

---

① Stuart Andrews, *The British Periodical Press and the French Revolution, 1789—1799*, New York: Palgrave Macmillan, 2000.

② Martin John Smith, *English radical newspapers in the French revolutionary era, 1790—1803*, London University PhD Thesis, 1979; Bob Harris, Scotland's Newspapers, the French Revolution and Domestic Radicalism（c.1789—1794）, *The Scottish Historical Review*, Vol.84, No.217, Part 1（Apr., 2005）.

③ 国外：Mark Philp, *The French Revolution and British Popular Politics*, New York: Cambridge University Press, 1991; Clive Emsley, *British Society and the French Wars*, New Jersey: Rowman and Littlefield, 1979; H. T. Dickinson, *Britain and the French Revolution, 1789—1815*, Houndmills, Basingstoke, Hampshire: Macmillan Education, 1989 等。国内：哈里·迪金森、黄艳红：《柏克之后的思考：英国史学界、文学界和政界与法国大革命》，《世界历史》2017 年第 5 期；刘金源：《论法国大革命时期英国政治的保守化》，《安徽史学》，2013 年第 4 期；何元国：《论法国大革命时期英国的保守主义》，《湖北大学学报》1999 年第 3 期；尹虹：《伯克与潘恩关于法国大革命的论战》，《史学集刊》1997 年第 3 期；甄敏：《论 18 世纪英国激进运动的兴起》，《辽宁大学学报》1993 年第 2 期等。

第一节　大革命初期报刊的欢迎态度

1789 年 7 月，攻占巴士底狱事件揭开了长达几十年的法国大革命的序幕。大革命初期，英国并未持有激烈的反对态度，一方面，因为大革命并没有威胁到英国的利益；另一方面，欧洲大陆的各国矛盾导致大陆其他国家都保持中立，希望从法国大革命中获取利益。如此情况下英国直接表明态度的时机尚早。

法国大革命一直被视为 18 世纪末 19 世纪初英国政治保守化的重要原因，但是最初在英国无论是从政府还是从民众角度而言，都没有像反法战争开始后的那般进行诋毁，反而各界几乎都持欢迎态度。辉格党领袖查尔斯·詹姆斯·福克斯称攻占巴士底狱是一件伟大的事情，波旁王朝的倾覆是专制主义的垮台，有利于欧洲自由的发展。[1] 激进人士约翰·卡特莱特（John Cartwright）宣称法国人不但伸张了他们自己的权利，而且促进了全人类的普遍自由权利。[2] 即使是偏向于保守的小皮特，也认为法国现在的这种痉挛迟早要以和睦而正常的方式结

---

[1] 李永清：《论小皮特政府的对法政策》，《史学月刊》1988 年第 5 期，第 97 页。

[2] 哈里·迪金森著、辛旭译：《英国激进主义与法国大革命 1789—1815》，北京师范大学出版社 2016 年版，第 11 页。

束，尽管当下的情况可能会使它变得较为不友善，但最终可能
使法国成为一个不那么令人讨厌的邻居。[①] 而且小皮特指出，
革命给法国以沉重打击，短期内不能再以强国的身份存在，甚
至直到 1792 年他都认为"欧洲会有十五年的和平时期"。[②] 对
于大革命的发生英国民众更是基本上都持有一种欢迎态度，他
们认为革命的发生不仅是对传统宿敌的打击，而且民众认为法
国的专制政体被摧毁，取而代之的将是英国模式的君主立宪制
和议会制。

　　在这样的背景下，全国的报刊几乎一致持有欢迎的态度。
《世界报》曾以庆祝口吻宣称："法国人认为我们的宪法是他
们的榜样，英国在革命中得到了极大的尊重"。[③] 一些报刊亦
认为英国民众应该支持法国大革命，《晨邮报》宣称："任何
一个英国人如果没有对现在正在进行的世界上最重要的革命
之一的崇高方式充满敬意和钦佩，那么他所有的美德和自由
的感觉应该都已经死亡了"。[④] 甚至对于革命初期的暴力行为
也有刊物进行辩护，《预言报》(*Oracle*) 指出，法国大革命中

---

① John Ehrman, *The Younger Pitt, II, The Reluctant Transition*, London: Constable, 1983, p.47.

② 参见温斯顿·丘吉尔：《英语国家史略》(下)，新华出版社 1985 年版，第 232 页。

③ *World*, 20 July 1789.

④ *Morning Post*, 21 July 1789.

发生的暴力并不是绝无仅有的，英国宪法的确立也是通过与查尔斯一世和保皇党人的战斗取得的。[①] 还有报刊既支持大革命，还认为英国应该向法国学习，像《分析评论》(*Analytical Review*) 在《关于法国大革命可能影响的思考》(*Thoughts on the probable Influence of the French Revolution*) 中发表对于革命的评论，认为，由于法国一直是我们的敌人这一缘由，导致许多人都有着贬低法国大革命的狭隘思维，还宣称，大革命产生的后果将是对英国最有利局面，如果法国能够成为一个自由国家，那么这往往会确保我们的自由，因为自由的法国决不会危及英国的自由。[②]《肯特公报》(*Kentish Gazette*) 则希望法国大革命能够像榜样一样促进英国的革命，并指出，法国原先是欧洲大陆上我们一直鄙视的国家，因为其一直存在卑鄙的奴役，但他们此刻却宣称人类拥有不可剥夺的权利，而且要在最广泛的基础上建立自由，然而在我们作为世代延续自由的土地上依然存在对常识和共同权利感到厌恶的法律，这是很可怕的。[③]

[①] *Oracle*, 6 August 1789.

[②] Stuart Andrews, *The British Periodical Press and the French Revolution, 1789—1799*, p.5.

[③] Hannah Barker, *Newspapers, politics and English society, 1695—1855*, London: Langman, 2000, p.178.

　　法国大革命亦极大鼓舞了英国的激进人士，国内激进主义迅速崛起。1789 年，伦敦革命协会在光荣革命 101 年纪念会上向法国国民议会发出贺信，表达了对法国革命的支持和加强联系的愿望。1790 年伦敦革命协会和宪章会举行法国革命一周年纪念会，明确政治态度，表明想以法国革命为榜样对英国政治和社会进行改革的愿望。1792 年 1 月，伦敦通讯社成立，其会员人数一度发展到 5000 人。① 在伦敦通讯社的鼓舞下，全国性的激进组织大量出现，谢菲尔德、曼彻斯特等成为英格兰的结社中心，分别成立了谢菲尔德宪法资讯社和立宪社，苏格兰、爱丁堡、格拉斯哥等十多个城市和地区也成立了激进协会，而且还出现了激进协会的联合，与英国议会公开对抗。激进运动群众基础广泛，辉格党自由派、非国教徒以及新兴的工业资产阶级、小资产阶级积极参加激进运动，新型工人阶级也登上了政治舞台，成为激进运动的中坚力量。激进民众以及社团，创办了大量的报刊，例如《谢菲尔德公报》(*Sheffield Register*)、《爱国者》、《曼彻斯特先驱报》等，这些刊物对法国大革命表示欢迎和肯定，认为法国的革命是英国学习的榜样。像《谢菲尔德公报》曾宣称，两千六百万同胞打碎了束缚他们的枷锁，奴隶制的堕落枷锁被瞬间抛弃。并预言，今后的

---

① 哈里·迪金森：《英国激进主义与法国大革命 1789—1815》，第 17—18 页。

政府不再是少数人针对多数人的阴谋，而是促进大众的共同利益。①

　　然而，在国内普遍欢迎态度以及激进报刊舆论不断发展的同时，保守派以及保守刊物也早就开始了行动，他们对法国大革命提出质疑，开始在报刊上同激进派展开了激烈的争论。

第二节　关于大革命的报刊论战

　　针对普遍欢迎的态度和激进主义的崛起，埃德蒙·伯克（Edmund Burke）最先提出质疑，在《法国革命论》（*Reflections on the Revolution in France*）一书中阐述观点，认为，要全面看待法国大革命中民众的邪恶原则和暗黑内心的危险，并且打算在与教会和国家相反的立场上陈述宪法的真正原则，其中对大革命的血腥场面进行描写，指出王室被迫放弃世界上最辉煌的宫殿庇护所，整个皇宫被鲜血染红，被大屠杀所浸染，淹没在散乱的四肢和残缺的尸体之中。② 对于福克斯关于法国宪法

---

　　① Martin John Smith, *English radical newspapers in French revolutionary era, 1790—1803*, London：University of London p.22.

　　② Stuart Andrews, *The British Periodical Press and the French Revolution, 1789—1799*, p.4. 可参见埃德蒙·伯克著、何兆武译：《法国革命论》，商务印书馆 1998 年版。

的赞美，伯克不以为然，认为法国的新宪法就像潘多拉的盒子一样，里面充满着每一个凡人的邪恶，革命就像"地狱打了一个呵欠，会导致许多邪恶的魔鬼遍布世界"。① 在初期的欢迎态度背景下，伯克的言论受到很多报刊的猛烈批判，其批评激进言论的言辞——"猪猡的一群"成为了众多讽刺伯克的刊物名字，例如，《猪食》《猪圈》《猪倌》《咸猪肉》等。② 据统计，仅在 1790 年至 1991 年间，至少有 25 份出版物对于伯克的言论进行了回应。与此同时，从整个 18 世纪 90 年代开始，已确定直接涉及伯克对法国大革命攻击的 65 本书或小册子，其中 55 个是敌对的。③

　　在与伯克的论战中，关于法国大革命意识形态的争论迅速席卷英国，潘恩写作了论战的小册子《人权论》(*The Rights of Man*)，在《人权论》中潘恩对伯克的言论给予了有力回击。伯克以经验和传统看待政府并考察其运作，而潘恩作为被统治者的代言人，则直接指出政府的权威来自征服。有报刊将伯克与潘恩的争辩视为对立双方的辩论进行了渲染，《分析评论》

---

① Stuart Andrews, *The British Periodical Press and the French Revolution, 1789—1799*, p.6.

② 参见 E.P. 汤普森：《英国工人阶级的形成》，第 88—89 页。

③ 具体可参见 John Ehrman, *The Younger Pitt, II*，*The Reluctant Transition*, London: Constable, 1983, p.77。

就曾描述说，伯克先生凭借他雄辩的魅力诱惑着我们，简单而有压迫力，潘恩先生用真理和感觉的无敌能量把我们带走了；伯克先生喜欢他的幻想和灵动修饰的美感；而他的对手通过论点的本土活力、情感的原创性以及言论的尖锐性来控制我们的判断；伯克先生是在锁链中跳舞的优雅和俏皮的朝臣，潘恩先生是严厉的共和党人，他们自由骄傲，以平等的自由对待君主和农民。[①] 随着双方论战的进行，英国社会逐渐分裂成为了两个互相对立的群体，其后，论战逐渐升级为保守派和激进派的论战。双方都试图通过各种印刷品来向人民大众发出呼吁，但是事实证明对论战双方而言，政治小册子并不是最重要的，报刊才是发表重要观点和论据的媒介。报刊不仅不断进行印刷，从而能够覆盖比原始形式更广泛的受众，而且，他们对其进行评论并增加了自己的原创作品，同时频繁的出版也能够极大促进直接和紧迫的讨论。

激进人士的宣传从潘恩开始，其《人权论》以各种便宜的版本形式出版，前三年销量便已经达到了 10 万到 20 万册，在很多阶层甚至文盲中流传。马克·菲尔普（Mark Philp）宣称，这使得"所有阶层中都会有相当比例的人对潘恩有所了解"，认为是潘恩使得法国大革命的文学讨论真正成为了一场大规模

---

① *Analytical Review*, 9 March 1791.

的文学辩论。① 此背景下，英国的激进派结社运动在全国兴起，激进运动拉开了帷幕，英国史学家屈威廉（George Macaulay Trevelyan）指出：“英国的民主运动……起源于法国革命的壮景和潘恩的著作”。② 激进运动中，关于温和改革还是法国式革命的讨论一直不确定，即使是潘恩也畏惧社会革命。多数激进主义者都不确定以何种方式改善民众现状，通过什么样的方式和策略来达到他们改革的目标。但他们都认为发起一场宣传运动揭露现存政治体制的弊端，提升人民的政治意识是必须的，他们顺理成章的在这一领域达成共识，决心教育大众认识他们的政治权利，他们相信宣传运动是完成改革目标的充分手段。因此，宣传教育成为激进运动最为重要的活动。

为更广泛的传播改革理念，各地激进组织也都将出版报刊视为一项重要的任务。1792 年，在曼彻斯特出现了《曼彻斯特先驱报》，同年，约瑟夫·盖尔斯在谢菲尔德创办《谢菲尔德公报》和《爱国者》，理查德·菲利普在莱斯特创办《莱斯特先驱报》（*Leicester Herald*）；丹尼尔·艾萨克·伊顿于 1793 年到 1795 年出版了《大众政治》（*Politics for the People*），托马斯·斯宾塞 1793 年创办《精饲料》（*Pig's Meat*），以及 1794

---

① Mark Philp, *The French Revolution and British Popular Politics*, p.5.

② George Macaulay Trevelyan, *British History in the Nineteenth Century: 1782—1901*, London: Longmans, Green, 1922, p.64.

年塞尔沃的《论坛报》(*The Tribune*);还有像德比的《德比水星报》(*Derby Mercury*),剑桥郡的《剑桥情报员》(*Cambridge Intelligencer*),泰恩赛德的《纽卡斯尔记事报》(*Newcastle Chronical*),诺维奇的《内阁》(*The Cabinet*)等。[1]其后,伦敦通讯协会于1794年创办《政治人》(*The Politician*),1796年又创办《道德与政治杂志》(*The Moral and Political Magazine*),刊载了大量激进主义书信和作品。[2]这些报刊支持法国大革命,极力传播改革思想。

面对激进派的宣传,很多像保守派人士,如汉娜·莫尔(Hannah More)、威廉·琼斯(William Jones)、约翰·鲍尔斯(John Bowles)等,也积极回应。尤其随着法国大革命暴力事件的发生,伯克的保守意识开始受到越来越多人的认可,与此同时,对于革命的畏惧态度也使得保皇派以及他们的保守情绪开始具有相当的影响力。大量的保守报刊随之出现,在伦敦有《太阳报》《真正不列颠人》《预言报》等亲政府报刊大力宣传保守思想。[3]在地方,曼彻斯特有《曼彻斯特水星报》和

---

[1] 参见哈里·迪金森:《英国激进主义与法国大革命1789—1815》,第33—34页。

[2] 关于此时的激进报刊的具体情况参见哈里·迪金森:《英国激进主义与法国大革命1789—1815》,第32—33页。

[3] 关于伦敦亲政府报刊的舆论宣传的具体情况可参见:Stuart Andrews, *The British Periodical Press and the French Revolution*。

《曼彻斯特纪事报》(*Manchester Chronicle*)，它们的销量不比激进的《曼彻斯特先驱报》差；泰恩赛德的《纽卡斯尔报》和《纽卡斯尔广告人》(*Newcastle Advertiser*) 是激进报刊《纽卡斯尔时报》(*Newcastle Times*) 的有力竞争者；在莱斯特、伯明翰、诺维奇和谢菲尔德等地方有《约克报》、《切姆斯福德纪事报》(*Chelmusford Chronicle*)、《苏塞克斯广告人周报》(*Sussex Weekly Advertiser*) 等保守刊物大量发行。[1] 在这其中，尤其是著名的《反雅各宾报》(*The Anti-Jacobin*) 始终站在攻击改激进报刊的前沿阵地，宣称《剑桥情报员》的内容是"包含大量令人厌恶的成分的一种地狱肉汤"，比《晨邮报》更虚假，比《记事晨报》更亵渎神明，比《信使报》更致力于无政府和血腥的事业，而且还宣称《信使报》从未冒险对法国政府的任何一项行为进行过丝毫反思。[2] 这些保守刊物抨击激进刊物和法国大革命，声势日盛。

第三节　报刊向反对态度的转变

尽管在法国大革命初期英国的报刊多为欢迎的态度，激进

---

① 哈里·迪金森：《英国激进主义与法国大革命 1789—1815》，第 55 页。

② Stuart Andrews, *The British Periodical Press and the French Revolution, 1789—1799*, pp.124—133.

派和保守派在报刊上不断争论。但随着大革命的发展，国内外形式也在发生变化。首先，法国大革命的发生，催生了英国社会改革的呼声，随着激进运动的崛起和发展，极大地增加了英国社会的不稳定因素；其次，法国的对外扩张政策以及输出革命的政策极大损害了英国的海外利益，违背了英国的大陆均势政策；最后，大革命恐怖事件的发生也造成了英国国内的恐慌。在这样的背景下，尤其1793年，法国对英宣战后，英国政府开始同激进派走向决裂。

战争开始后，为阻止英国参战，激进派积极开展请愿活动，随着激进派全国公会的召开，英国政府感到了严重的威胁，随即逮捕了公会的主要领导人，1794年5月，又逮捕了全国各地激进协会的主要领导人。以1794年10月审判激进分子的国家审判为标志，18世纪的英国激进运动就此沉寂。自此，为稳定国内局势，英国政治上日趋保守，渐进式改革也由此终止，小皮特指出"在暴风雨时去修理房子是不明智的"，转而采取高压政策压制国内激进运动。在这样的状况下，随着反法战争的开始以及政府保守政策的实行，英国的激进派刊物逐步消失沉寂，而效忠派的刊物随着保守组织的大量出现而蓬勃发展，在原先的基础上大量增加，而且很多先前持有欢迎态度的报刊也开始质疑法国大革命，促使英国的国内舆论开始发生变化。迪金森（H.T. Dickinson）指出大革命引起的恐慌和政府出台的压制政策，仅仅是激进改革事业溃败的部分原因，反对改革的保守派在宣传上的反攻也是重要因素，这些宣传对英国国内整体舆论氛围的转变亦产生了重要作用。①

自伯克提出质疑后，随着大革命以及英国国内局势的发展，伯克思想的影响逐步增大。1792 年，地缘政治主导的中立背景下，英国国内舆论的大辩论甚至呈现出一种混乱的状态。但随着法国大革命的发展，反对法国大革命的报刊积极利用法国是英国的敌人，以及法国大革命中的问题，甚至是国内激进反对派企图改变英国现有社会状况等方面的内容，对大革命提出批判。

早在 1792 年 1 月，《公共广告人》就指出，法国的政治堕落对法国人民而言是很可悲的，② 针对国内政府反对派对于法国大革命的支持，更是认为牺牲国家、财富、安全、幸福和利益，来剥夺政府的权利是不正确的。③ 尤其随着激进派的发展，保守派组织亦开始建立，早在 1790 年，曼彻斯特便成立了"教会和国王俱乐部"。其后律师约翰·里维斯（John Reeves）

① 哈里·迪金森：《英国激进主义与法国大革命 1789—1815》，第 43—44 页。

② Jeremy Black, *The English Press 1621—1861*, Gloucestershire: Sutton publishing, 2001, p.150.

③ Jeremy Black, *The English Press 1621—1861*, p.151.

也在同年成立"维护自由和财产协会"以对抗共和主义和平等派，里维斯充分利用报刊进行宣传，甚至将会议的决议分发给各地报界，在其影响下，几个月的时间便有两千多个地方爱国者俱乐部成立。① 就实际情况而言，在忠诚协会成立的大多数地方，忠诚者的人数远远超过激进人士，② 这些忠诚组织和人士积极利用报刊宣传保守思想。1793 年，随着大革命暴力事件的发生以及法国向邻国宣战，对于大革命的恐惧开始代替先前的普遍欢迎态度，英国报界反法国情绪日益高涨。尤其是忠诚报刊，极力渲染法国大革命中的恐怖氛围，认为激进分子染了法国革命热情的疾病，可能会摧毁君主制和教会，并夺取上层财产，导致社会和经济的混乱。《威斯敏斯特杂志与伦敦政治杂录》(*Westminster journal: and London political miscellany*) 指出路易十六被处决是一桩谋杀案，每一个英国人都能感受到。③《伦敦纪事报》(*London Chronicle*) 则详细报道了雅各宾派的"革命计划"，其中包括摧毁上议院、骑兵卫队、圣詹姆斯宫和法院，还有像《谢菲尔德报》(*Sheffield*)、《曼彻斯特水

---

① Stuart Andrews, *The British Periodical Press and the French Revolution, 1789—1799*, p.210.

② H.T. Dickinson, *The Politics of the People in Eighteenth-Century Britain*, New York: St. Martin's Press, 1995, p.281.

③ Jeremy Black, *The English Press 1621—1861*, p.154.

星报》、《剑桥纪事报》(*Cambridge Chronicle*)等忠诚报刊都对
法国暴力革命的危险进行了大量报道。① 为证明如果英国经历
革命，不仅上层会经历苦难，下层民众也受到社会动荡的波
及,《泰晤士报》甚至也宣称法国国民众是"一个可怜的、被
误导的、悲惨的人，没有一丝道德美德或一点崇高的宗教信
仰"，而英国民众"富裕、兴旺、快乐、满足，并且长期生活
在受到周围帝国钦佩和羡慕的宪法之下"，由此蔑视支持法国
大革命的激进分子。②

不仅是忠诚派报刊的报道宣传，随着法国巴黎恐怖事件的
发生以及两国交战的开始，一些早先持有支持态度的报刊也开
始发生变化。早期持有改革观点的《肯特公报》对法国的事件
表现出了不同态度，大力批评法国的暴虐政权，宣称法国压迫
宗教、虐待国王、沉溺于没有审判的执法。③ 其后很多激进报
刊的态度也发生了变化,《曼彻斯特先驱报》认为"英国人该
为国家的极端安宁以及法律的公平和宪法的温和感到荣耀"，
曾经欢迎法国大革命的《纽卡斯尔纪事报》称革命者为"那些
不人道的屠夫"，就连先前为法国大革命积极喝彩并以激进著

① 具体报道可参见 Hannah Barker, *Newspapers, politics and English society,
1695—1855*, p.184。

② *The Times*, 9 January 1793.

③ Hannah Barker, *Newspapers, politics and English society, 1695—1855*, p.179.

称的《谢菲尔德公报》此时也指出国王的死亡是比英国宪法的滥用更为惊人的事情。①

　　尽管不是所有的报刊都敌视法国大革命并支持战争，但是在保守舆论的海洋中，批判战争的激进报刊影响力有限，反对大革命的保守舆论逐步开始占据上风。② 在社会反对舆论的巨大压力中忠诚情绪开始占据主导地位，《谢菲尔德鸢尾》（ Sheffield Iris ）指出这个时候"各阶层的民众中都表现出来一种无可比拟的一致爱国主义精神"。③ 这种精神在一些报刊中大量出现，如《反雅各宾报》中便曾有诗："不列颠人维护其海外的帝国，维护其古老的名誉，向嫉妒的世界宣称，这个民族依然勇敢和自由，决心征服否则宁可死亡，忠于其法律、自由和国王"。④ 正如《格洛斯特杂志》（ Glocester Journal ）宣称的那样，从来没有哪个时期更强烈地呼吁国家的理解和慎重，停止狭隘的党派敌意，牺牲每一种个人观点。⑤《伦敦纪事报》亦宣称，自"战争宣言"以来，收到了大量来自主要居住在法国对面海岸不同民众的信件，表示已准备好提供力量以抵抗入

---

① Hannah Barker, *Newspapers, politics and English society, 1695—1855*, p.179.

② 关于战争早期对于战争的批判详见第四部分。

③ Clive Emsley, *British Society and the French Wars*, p.113.

④ *Anti-Jacobin*, 1 January 1798.

⑤ Jeremy Black, *The English Press 1621—1861*, p.158.

侵行动。①

在保守舆论的宣传攻势下，激进报刊面临巨大困难，一些激进报刊像《阿格斯》在 1792 年便停刊了，《莱斯特纪事报》（ Leicester Chronicle ）和《曼彻斯特先驱报》也于 1793 年先后停刊，《谢菲尔德公报》也在 1794 停刊。② 激进的《谢菲尔德鸢尾》和《约瑟夫盖尔纪事报》（ Joseph Gale's Register ）两份报刊的办公室甚至被忠诚者袭击。③ 迪金森认为激进派在 19 世纪 90 年代被击败了，而且指出激进派报刊从来没有占多数。④ 实际而言，开战之后不久，支持大革命的舆论迅速被保守舆论所淹没，保守阵营的宣传规模，包括报纸、期刊可能比激进派传播的数量更为庞大。首先，尽管柏克的《法国革命论》的销售量不如潘恩的《人权论》，但其选段经常刊登在地方报纸上，传播的范围也较广。其次，在刊物上，伦敦有《星报》《太阳报》《真正不列颠人报》《观察家报》等，地方则有《约克报》《爱丁堡先驱报》（ Edinburgh Herald ）、《利物浦凤凰报》（ Liverpool Phoenix ）、《莱斯特报》（ Leicester Journal ）、

---

① Clive Emsley, *British Society and the French Wars*, p.38.

② Bob Harris, *Politics and the Rise of the Press Britain and France 1620—1800*, London: Routledge, 1996, p.44.

③ 哈里·迪金森：《英国激进主义与法国大革命 1789—1815》，第 62 页。

④ H.T. Dickinson, *The Politics of the People in Eighteenth-Century Britain*, p.272.

《纽卡斯尔报》《曼彻斯特水星报》等刊物。[①] 莱斯特、曼彻斯特和纽卡斯尔地区，激进报刊和保守报刊并存，然而最终是保守报刊取得了胜利。[②] 一些忠诚派刊物，像《英国评论员》（British Critic）、《反雅各宾报》《忠诚者》（Loyalist）、《反高卢报》（Anti-Gallican）和《年度纪事》（Annual Register）等蓬勃发展，甚至压制自己的竞争对手。[③] 如此背景下，大部分英国民众都被取而代之的保守派刊物的强力宣传所说服，詹姆斯·麦金托什、威廉·华兹华斯以及塞缪尔·泰勒·柯勒津治这些早期革命的同情者，也开始认为法国并没有推进自由的事业，而是从一种形式的暴政转向了另一种形式的暴政，詹姆斯·麦金托什甚至为自己先前的言论向伯克道歉。[④]

总之，随着大革命的发展尤其是在英法开战之后，法国革命中很多暴力事件，尤其是处死了国王路易十六，引起了广大君主制国家包括英国的极大不满和恐惧。这些造成英国对于法国所谓过度革命的恐慌，政府政策逐渐开始保守，保守派从学理和道义等更多方面为现存政治秩序辩护，与此同时攻击法国

---

①② Jeremy Black, *The English Press 1621—1861*, p.158.

③ Jeremy Black, *The English Press 1621—1861*, p.158; H. T. Dickinson, *Britain and the French Revolution, 1789—1815*, p.110.

④ 哈里·迪金森：《英国激进主义与法国大革命 1789—1815》，第111页；也可参见 Stuart Andrews, *The British Periodical Press and the French Revolution, 1789—1799*。

大革命，这套政治理论逐步为有产阶层以及英国大部分民众所信服，英国国内舆论也随之发生转向。报刊舆论虽然反映了当时对大革命态度的转变，但是具有舆论导向作用的报刊，在此时本身也是态度转变的重要推动因素。随着全国范围的舆论宣传上保守主义开始呈现出绝对的优势，报刊舆论经过开始阶段短暂的欢迎态度后，也转向了对于法国大革命的反对态度。

第四节　反对战争期望和平的呼声

法国对英宣战后的几年时间里，国内舆论愈加保守，就连很多激进报刊也改变了对于大革命的立场，但这种态度并不是一成不变的。一些报刊在战争较早的时期就开始批判战争，但在保守舆论的浪潮中，反对战争的声音被掩盖。随着战争的进行国内外形式也出现了变化，一方面，拿破仑称帝后，其军事独裁体制表明法国不再追求民主政治的变革，英国上层对来自法国的革命威胁恐惧感逐步消退；另一方面，战争导致英国国内经济压力持续增大，矛盾不断积累，反战情绪不断高涨。随着新一波激进主义的崛起，他们开始揭露军队的腐败，反对战争呼吁和平，随之国内对于法国的态度又发生了变化。

战争刚开始不久，一些报刊就认为战争会对英国造成极大的伤害。1794年《晨邮报》以"残酷"为标题，宣称"在英国的所有战争中，从未有过一场像这样的战争，能在同等时间内带来了更多的灾难，并给国家留下了如此致命的刺痛"，其后更指出这是"一场我们一无所获，冒着失去一切的风险的战争"。①《纽瓦克先驱报》(Newark Herald) 指出战争造成了血液的流淌、资金的枯竭、税收和债务的成倍增加、贸易的停滞、无尽的破产以及穷人的生活难以为继。② 有些报刊则一直为法国进行辩护，像《纪事晨报》便宣称胜利确实能带来荣耀，但是取得胜利的真正途径是使胜利有利于战争的目的——和平，而且还进一步指出，英国社会的每个阶层都对战争持反对态度，认为，尽管路易十六被处决，法国人仍试图遵循英国宪法的界限。③ 不仅如此，1796 年和 1797 年，《信使报》连篇累牍的对法国的胜利进行报道和赞扬，报道中不仅称赞胜利是日常的状态，一直伴随着法国军队，而且宣称法兰西共和国辜负了所有的希望，挫败了所有的观点，并摧毁了反法联盟的大部分手段，最终会得到承认。④

---

① Stuart Andrews, *The British Periodical Press and the French Revolution, 1789—1799*, pp.130—131.

② Martin John Smith, *English radical newspapers in the French revolutionary era, 1790—1803*, p.48.

③ 参见 Stuart Andrews, *The British Periodical Press and the French Revolution, 1789—1799*, p.135。

④ Stuart Andrews, *The British Periodical Press and the French Revolution, 1789—1799*, p.134.

随着国内外形式的发展，18世纪末19世纪初不忠诚的
"自由派"报刊报道的内容越来越富有弹性。像《纽卡斯尔纪
事报》、《巴斯纪事报》(*Bath Chronicle*)、《伯里和诺维奇邮报》
(*Bury and Norwich Post*)、《伍斯特先驱报》(*Worcester Herauld*)
和《什罗普居民报》(*Salopian Journal*)等刊物此时多站在改
革者阵营，到19世纪，持有反战和改革态度的刊物数量不
断增加。激进报刊也重新崛起，1807年，弗朗西斯·伯德特
爵士(Sir Francis Burdett)和地方的"汉普顿俱乐部"运动
(Hampden Club movement)的追随者重振了国内激进主义。诸
如威廉·科贝特和李·亨特等报人通过像《政治纪事周刊》和
《考察者》来批判国内问题和国外战争，这些批判和改革宣传多
从批判腐败并呼吁和平的方面展开，形成了有力的舆论压力。

对战争的批判首先从发声揭露腐败开始。早在1795年，
《晨邮报》就曾断言战争是为了保护腐烂的自治市镇和腐败而
发动的。① 对于英国政府的腐败，从1806年开始，科贝特作
为反对政治腐败的代表人物，就在其《政治记事报》上针对庞
大的庇护赞助系统开展了一场尖锐持久的控诉，指出若不加
以限制，他们必将毁坏宪法，腐蚀国家和社会秩序的基础。②

① Martin John Smith, *English radical newspapers in the French revolutionary era, 1790—1803*, p.39.

② 哈里·迪金森：《英国激进主义与法国大革命1789—1815》，第121页。

在李·亨特的主导下，《考察者》大加指责对法战争，认为是战争导致政府规模的扩张，1809年加入对军队总司令约克公爵的进攻中，其后，政府的挥霍无度作为政治腐败的源头之一，更是被作为刊物定期批评的主题。[1]《泰晤士报》亦提出对经济和议会的改革要求，并批评政务会命令，大力揭露政府腐败，1812年该报宣称，对于一个病患来说这是非常令人恼火的，割舍并且愿意牺牲他们的生命之血来支持国家……但是在公共服务的借口下，从他们身上榨取的东西却被转变为私人薪酬的来源，如果这些事情已经存在，那就不要逃避评论，特别是在下议院这一最为合适的地方。[2] 关于腐败的批判也多涉及军队，1808年秋，《独立辉格报》(*Independent Whig*)宣称"腐败和不当的影响正在军队中起作用"。[3]1809年1月，格韦尔姆·劳埃德·沃德尔（Gwyllm Lloyd Wardle）对约克公爵帮助他的情妇买卖佣金的腐败做法进行了指控《斯塔福德郡广告人》宣称，每一个英国人都必须脸红的看到如何将军队的最大利益牺牲给不光彩调情的。[4] 由于这一丑闻，约克公爵被迫辞去军队总司令职务。通过对战争引起的政府和军队的腐败进行批判，报刊舆论大力反对战争，并且开始

① 哈里·迪金森：《英国激进主义与法国大革命1789—1815》，第122页。
②③ Clive Emsley, *British Society and the French Wars 1793—1815*, p.142.
④ *Staffordshire Advertiser*, 18 February 1809.

呼吁和平。

　　战争后期报刊在和平呼吁中的角色愈加重要。1812 年，政治家亨利·布鲁汉姆（Henry Brougham）组织了 15 万人签名的请愿书，来支持"和平之友"运动，以引导公众认识到战争带来的经济和政治代价。运动得到了《利兹水星报》的爱德华·贝恩斯（Edward Baines）的支持，他将战争描述为"大臣的收获"，指出虽然对政府大臣等官员来说这是一个充足的时期，但对于商人和制造商来说则是一个饥荒时期，[①] 以此来讽刺战争与当时的反大陆封锁政策。尤其在 1811 年到 1813 年，战争中严酷的经济环境和工厂恶劣的工作条件导致卢德运动 [②] 席卷东米德兰兹、约克郡西区和兰开夏郡部分地区的工业区。《利兹水星报》指出卢德主义兴起的原因是战争造成的经济困难；1812 年，《卡莱尔杂志》（Carlise Journal）对战争中经济困难引起了食品骚乱进行评论，对骚乱中士兵的行为严厉批判，并指责骚乱不是革命阴谋，而是低工资、高粮价和利

---

　　① Hannah Barker, *Newspapers, politics and English society, 1695—1855*, p.192.
　　② 卢德运动是英国工业革命期间以破坏机器为手段来反对工厂压迫的运动。由于反法战争所引起的国内失业状况严重，1811 年卢德运动开始出现高潮。为了限制卢德运动，1812 年，国会颁行《保障治安法案》，派出大批军警进行镇压。1813 年施行《捣毁机器惩治法》，法案规定可用死刑惩治破坏机器的工人。尽管有这样严厉的镇压直到 1816 年这类破坏机器的活动仍然时有发生。

物浦粮食代理人导致的人为粮食稀缺造成的。[1] 最激烈的反战抗议来自北部和中部的制造产业区，一些自由主义者和非国教徒认为这场战争是对理性、正义和基督教信条的冒犯，像利物浦的威廉·罗斯科（William Roscoe）、谢菲尔德的埃比尼泽·罗兹（Ebenezer Rhodes）、莱斯特的约翰·考特曼（John Kautman）以及德比的威廉·斯特拉特（William Strutt）等，他们的反战观点在《利兹水星报》《谢菲尔德鸢尾》《莱斯特纪事报》等刊物上被大力宣传。[2] 总体而言，大革命后期的很多报刊对反法战争和法国的态度发生了重大变化，不再偏执于国内起义，越来越多的报道对于战争的厌倦，表达对繁荣与和平的渴望。

第五节 法国大革命对英国报刊的影响

法国大革命作为 18 世纪末的一次重大社会政治事件，对整个欧洲造成了重大的影响，不仅深刻改变了法国的历史走向，而且对英国社会也产生了巨大的震动，对当时的英国报刊业亦产生了深远的影响。大革命对于英国的报刊出版产业而

---

[1] Hannah Barker, *Newspapers, politics and English society, 1695—1855*, pp.193—194.

[2] 哈里·迪金森：《英国激进主义与法国大革命 1789—1815》，第 115 页。

言，既产生了机遇，又提出了巨大的挑战。英国报刊，作为当时社会舆论的重要载体，在法国大革命的影响下，经历了重大的变革和调整。

法国大革命的发生，对英国的文化环境和阶层状况产生了很大影响。对报刊出版业而言，正如上述，大革命是英国保守政治对于报刊限制的重要原因，给这一时期的报刊出版业造成了困扰。但从另一方面来讲，法国大革命的爆发和进程成为了英国报刊的重要报道内容。英国报刊纷纷开设专栏，对法国大革命进行实时报道和深入分析，大革命在某些方面客观上也促进了英国报刊出版业的发展。

英法特殊关系以及革命产生的震动，使得民众对于法国大革命持续关注，大革命中发生的事件为报刊提供了大众所迫切需要了解的信息，频繁的事件为出版物提供了大量信息，而且有海峡之隔的法国信息则相对容易获取，所以在这一时期，大革命和战争消息报道成为报刊的主要内容，其他问题很难挑战这一中心内容的地位。[①] 如此背景下，出现了很多新的关于法国大革命报道的刊物。一些支持大革命和改革的刊物，如，《曼彻斯特先驱报》《箭猪》(*Porcupine*)、《人民政治》等。一

---

① 关于此时期的大革命和战争的报道具体参见 Jeremy Black, *The English Press 1621—1861*, pp.162—165。

些反对大革命的保守刊物，如 1792 年发行的《旁观者》、1795 年发行的《战斧》、1797 年发行的著名的保守刊物《反雅各宾周刊》等。另外很多著名报刊，如《泰晤士报》等都大量刊载大革命的内容，这种报道不仅让英国民众了解了法国大革命的最新动态，也引发了他们对社会政治问题的深入思考。同时，英国报刊对法国大革命的报道也反映了其本身的政治立场和观点，从而影响了英国民众的政治倾向。所以对大革命问题的关注，很大程度上促进了此时报刊的发展。

随着关于大革命和本国改革问题讨论的推进，法国大革命的爆发和进程引发了英国报刊的政治立场分化。一些报刊支持法国大革命的理念和目标，认为这是对封建制度的彻底颠覆，是对自由、平等、博爱的追求。而另一些报刊则对法国大革命持批评态度，认为这是一场混乱和暴力的革命，是对社会秩序的破坏。这种政治立场的分化使得英国报刊在法国大革命期间呈现出多元化的声音和观点。

更为重要的是出现了很多直接报道法国大革命的刊物，尤其是激进派和保守派的论战，直接促进了英国报刊政治立场的分化。首先，大革命的爆发直接推动了英国激进运动的发展，不仅推动了一些支持改革的组织做出改革努力，而且直接鼓舞了辉格党自由派再次做出经济改革和议会改革的尝试。新兴起的支持改革的激进派被称为英国的雅各宾派，为了实现他们改革的目标，激进派不仅发展组织机构，扩展其成员。而且为了达到改革的目标，他们也达成了一个教育大众，使大众认识到自己的权利的共识。如此，激进派创办了大量报刊来进行宣教。如，《政治人》《道德与政治周刊》《曼彻斯特先驱报》《谢菲尔德公报》《爱国者》《内阁》《莱斯特先驱报》《德比水星报》《纽瓦克先驱报》《剑桥情报员》《纽卡斯尔时报》等。① 还有一些其他报刊，像《阿格斯》《真正英国人》《太阳报》《纪事晨报》《莱斯特纪事报》等刊物，也都欢迎大革命并支持英国进行改革。

与激进派同时出现的还有保守派，他们也积极创办保守组织，与激进派报刊进行辩论，政府也支持甚至直接创办了大量刊物，对激进刊物的论点进行抨击。这些保守刊物，像《约克报》《利物浦凤凰报》《曼彻斯特水星报》《莱斯特杂志》（ Leicester Journal ）、《纽卡斯尔报》《爱丁堡先驱报》《英国批评家》（ British Critic ）、《反雅各宾报》《反雅各宾评论和杂志》（ Anti-Jacobin Review and Magazin ）、《忠诚者》等。报刊之间对关于法国大革命以及英国的改革问题进行了大论战，使得英国政治报刊逐步繁荣，也推动了此时期英国报刊政治立场

---

① 参见上文激进报刊的叙述；也可参见哈里·狄金森：《英国激进主义与法国大革命 1789—1815》。

的分化。

另外，法国大革命促进了英国报刊的专业化和报道内容准确度的提升。随着对法国大革命报道的深入和广泛，英国报刊的发行量和影响力都得到了显著的提升。同时，为了满足读者对法国大革命的持续关注，英国报刊也加强了自身的编辑力量和出版能力，提高了报道的质量和时效性。这种发展不仅推动了英国报刊业的繁荣，也为后来的社会变革提供了舆论支持。

大革命的发生恰逢英国大众消费群体开始产生的时期，随着大众知识水平的提升以及对于政治事件关注度的提高，英国的报刊市场逐步扩大。市场的扩大导致出现了众多的报刊杂志，报刊行业的竞争越来越激烈。这些刊物为了增加自身的竞争力纷纷在专业化和报道内容准确性方面做出了努力。一方面，对于英国而言，法国大革命的消息更容易得到，它鼓励报刊收集更直接和最新信息的新方法，包括直接报告，例如，《纪事晨报》的詹姆斯·佩里被派往巴黎报道1791年的事件。[①] 另一方面，法国大革命的信息量如此巨大，报刊为了赢得读者，不得不提高报刊的准确性，加快报道的速度。《神谕》在1792年就曾经宣称，其在大陆的消息方面的优越性，指出

---

① Ian R. Christie, *Myth and Reality in Late-Eighteenth-Century British Politics and Other Papers*, Berkeley and Los Angeles: University of California Press, 1970, p.344.

自己的消息领先于其他刊物两天。[1] 准确性也较为重要，1792
年，《记事晨报》曾宣称："来自法国的消息为我们开辟了重要
领域，但是这些消息的准确性至关重要，我们绝不会将个人的
感情加入到消息中，我们力求提供准确的消息……所以读者必
须有足够的耐心。"[2]

　　法国大革命导致的报刊政策一定程度上导致了后来印花税
的取消。大革命的发生导致了英国政治的保守，保守政策压制
下报刊受到诸多限制。但也正是这些限制，造成了后来大量无
印花报刊的出现，促进了报刊印花税的最终取消。

　　大革命导致英国激进报刊的大量出现，为限制激进思潮传
播，政府通过提高印花税，重启煽动诽谤法等措施对大革命造
成的激进思潮传播进行限制。尽管在初期，严厉的限制确实对
激进报刊起到了一定限制。但是反法战争结束后激进主义复
兴，出现了大量的无印花税激进报刊。尤其19世纪30年代之
后，这些无印花报刊屡禁不止，从1830年到1836年，仅在伦
敦就有1130件销售无印花税报刊的案件被起诉。英国政府表
示"已经用尽了现在法律所提供的所有手段，仍然无法有效
地熄灭拒缴印花税的报纸"。[3] 与此同时，很多印花刊物不堪

---

① *Oracle* 14 February 1792.

② *Morning Chronicle*, 6 January 1792.

③ 詹姆斯·卡瑞、珍·辛顿：《英国新闻史》，第8页。

重负，在与无印花报刊的竞争中不占优势，这使得报刊业普遍有了减少甚至废除印花税的诉求，其后由于大量的报刊抗拒印花税，在迫不得已的情况下，政府逐步减少最终废除印花税。从这一方面而言，法国大革命的刺激为印花税的废除奠定了基础。

英国报刊对于法国大革命态度的转变，主要受当时国内外局势变化的影响。在大革命初期，英国报刊对法国革命持有积极的态度，他们看到法国人民推翻了专制的君主制度，追求民主自由的思想，认为法国人民正在为全人类争取自由解放。然而，随着大革命的发展，一些暴力行为开始出现，特别是在恐怖统治时期，英国各界开始感到担忧，他们对革命的目标逐渐失去信心，开始对法国的革命持怀疑和批评的态度。英国国内的政治情况也对报刊的态度产生了影响，英国当时正经历着工业革命的巨大变革，社会矛盾和阶级斗争日益激化。一些保守派力量担心法国革命的激进性可能会对英国社会产生不良影响，因此他们开始批评和抵制法国革命。另外，法国与英国的长期敌对关系也对报刊态度的转变起到了作用。英法之间的战争和领土争端并没有随着法国大革命的开始而停止，相反，法国大革命的思想和行动被视为对英国国家利益的威胁，这进一步加剧了报刊对革命的批评。然而在战争的后期，随着拿破仑称帝，英国上层对来自法国革命威胁的恐惧感逐步消退，加之战争导致英国国内经济压力持续增大，矛盾不断积累。国内的舆论环境也在随之发生变化，报刊也开始在反对战争呼吁和平的呼声中发挥重要作用。

詹姆斯·威廉·凯瑞即指出新闻出版既反映社会又构建社会。在报刊对法国大革命态度转变的过程中，一方面，报刊作为当时国内舆论的风向标，直接体现了英国对法国大革命的态度转变；另一方面，随着报刊影响力的逐步增强，此时的报刊对当时社会舆论也产生了重要的推动作用。从欢迎态度到保守舆论占据上风，除了法国大革命本身的发展以及政府保守政策的转变之外，一些报刊尤其亲政府的保守报刊的宣传起到了至关重要的作用。当然在这其中报刊也是极具弹性的，大革命后期又发生了变化。而且一些报刊的观点始终随着大革命的发展而变化，不同时期对立观点的辩论始终存在。在开始欢迎的态度中，也有报刊支持伯克的言论；即便是在后来国内保守报刊舆论的海洋中，依然有刊物支持大革命反对战争，甚至有些报刊因为利益需求一直摇摆不定。这些不同观点之间的冲突和论战，也体现了当时英国国内舆论的多样性和复杂性。

而法国大革命对英国报刊的影响是深远而广泛的。总的来说，法国大革命的发生对英国社会产生了重要影响，造成了英国民众的政治分化，形成了强大的激进思潮，而激进思潮的出现和激进运动的发展，则直接促使英国走向保守政治，兴起了新形式的忠诚主义。报刊时刻关注大革命的动态，向大众提供大革命以及欧洲战场的动向，不仅传播了改革的观点，而且催生了关于不同意识形态和论点的传播和论战。与此同时，报刊也深受此时政治的影响，政论报刊开始勃兴，英国激进报刊开始兴起与发展，政党之间围绕大革命的斗争使得党派刊物比以往的任何时期也较为繁荣，党派之间经常围绕政治问题展开论战，也使得政治报刊迅速增加。另外，对政府压制报刊的负面影响也为报刊通过斗争最终废除知识税奠定了基础。因此，对于法国大革命与英国报刊的关系进行深入研究，有助于我们更好地理解历史事件之间的相互关联和影响。

第三章 报刊与激进运动

1780 年到 1850 年间，英国激进运动从出现到衰落，一直处于一种时而高涨、时而潜伏的状态。参与运动的阶层群体也一直变化，从初期的社会上层改革派到社会下层，到只有中产阶级和下层工人阶级议会改革，到最后只有工人阶级存在的激进宪章运动。激进运动的出现到衰落体现的不仅是英国转型时期的社会状况，更是对这一时期英国社会变革的反映。激进运动的发展与此时期英国的政治发展相互作用，而激进报刊则是英国激进变动的晴雨表，对于激进报刊以及激进运动相关报刊的研究能够很好的反映这一时期英国社会变革的发展。

第一节　激进运动的兴起

　　发端于 18 世纪的英国激进运动实际上是以改革为目的。18 世纪末，随着工业革命的开展，到 19 世纪英国进入了机器大生产的时代，社会经济、政治以及大众生活均发生了重要变化。在社会转型过程中，政府的无作为状态使得他们在民众心中的信任度大大降低，从而为激进主义的产生创造了理论和实践土壤。

　　18 世纪末，法国大革命的发生在英国引起了剧烈反响，大革命的各种激进主义思想在英国迅速传播，随着法国革命中激进和暴力的不断发生，民众对于大革命表现出越来越多的忧虑。在大革命的影响下，英国的国内形势日趋保守，1790 年，英国保守政治家埃德蒙·伯克[1]发表《法国革命论》，宣称"法国革命可能是世界上迄今所曾发生过的最为惊人的事件。在这场轻率又残暴奇异的混乱中，一切事物似乎都脱离了自然规律，多样的罪行和各种愚蠢都搅在了一起。"[2]这一论断在社

---

　　[1] 埃德蒙·伯克是爱尔兰政治家、作家、演说家、政治理论家和哲学家，曾多次反对英王乔治三世和英国政府、支持美国殖民地以及其后的美国革命的立场，最为著名的政治论断是对于法国大革命的批判，被视为英美保守主义的先行者。

　　[2] 柏克：《法国革命论》，第 13 页。

会中引发了巨大反响，以托马斯·潘恩（Thomas Paine）等为首的激进主义者通过著书立说方式，弘扬法国大革命的精神和原则，倡导英国国内的政治改革，激进主义思想由此而兴起。

　　面对英国日益保守的政治形势，为宣扬法国大革命的精神，潘恩出版了《人权》一书，极力倡导天赋人权思想。潘恩认为："人人生而平等，具有相同的天赋权利"，"人所有的那些权利就是天赋权利，每个人有既充分具有这一权利，又有充分行使这一权利的能力。"① 另一位著名的激进主义领导人威廉·葛德文（William Godwin）出版了《政治正义论》一书，认为实现政治正义的前提，是人类生而平等，人在天赋才能和智识上有差别，但在彼此关系和取得生活资料方面都有平等的权利，因此，社会"应该竭尽全力为每个人提供相同的机会和鼓励，这样才能使正义成为共同的关注和选择。"② 思想如同这两位的激进主义者还有众多，他们纷纷著书立说，宣扬法国大革命精神，批判 18 世纪末的英国贵族寡头制，宣传改革议会的必要性。对于潘恩的天赋人权说法，他们亦极力赞同，认为人不分贵贱都应该有平等的政治参与权。在这些思想家的理论宣传下，英国社会下层，尤其是工人阶级逐渐意识到自身经济

---

① Thomas Paine, *Rights of Man*, New York: Penguin Books, 1985, pp.66—68.
② 威廉·葛德文著、何慕李译：《政治正义论》，商务印书馆 1982 年版，第 100—723 页。

地位的恶化，从根本上源于政治权利的缺乏，而这又都是腐败的制度所造成的。于是，继英国中产阶级之后，工人阶级作为一支独立的政治力量，开始成立自己的政治组织，掀起一场轰轰烈烈的激进主义运动。

在运动中，他们首先成立了一系列激进组织，在伦敦、谢菲尔德、诺维奇、爱丁堡等城市的工人，尤其是手工工人行动起来，一些以议会改革为目标的激进主义组织开始建立，其中规模较大、影响力较强的当属"谢菲尔德宪法知识会"以及"伦敦通讯会"，尤其是后者主导着18世纪末英国激进主义运动的潮流。这些组织开展了众多政治活动，同时，他们通过对工人们进行思想教育来提高工人群众的思想觉悟。总之，在激进主义领导者的带领下，他们发表演讲、举行集会、发起请愿运动，力图促进社会改革。

激进运动的一系列活动对政府的稳定统治造成了严重威胁，政府采取各种措施进行镇压，激进主义领导者被大量逮捕甚至刺杀，集会活动被禁止，到18世纪末"结社法"的通过使得工人阶级激进主义运动暂时瓦解了。

1794年，在政府的大力镇压之下，中产阶级和辉格党开始退缩。其后，只剩下工人阶级激进组织独自斗争。但是，这一阶段的激进运动尤其是工人阶级激进组织，发动群众集会，不断地启发动员大众向政府施压。这些运动不仅唤醒了下层民众的政治参与意识，更为重要的是在运动中大量的群众被动员起来，为战后议会改革的复兴以及 1832 年改革的最终成功埋下了伏笔，与此同时，也为战后激进运动的发展奠定了基础。

19 世纪初，拿破仑战争结束后，失业、贫困等问题的加剧使得英国社会矛盾重新凸显，在这样的状况下社会改革呼声日益强烈，激进运动重新开始崛起。这次激进运动首先在宣传方面开始，以威廉·科贝特的《政治纪事周刊》为标志，兴起了大量激进报刊，像《共和报》《两便士废物报》(*Two Penny Trash*)《星期日泰晤士报》《每周警察公报》《贝尔的伦敦生活》《每周快讯》《北极星报》《雷纳德的周报》《劳埃德周报》等，这些报刊巨大的发行量使得刊物产生了较大影响。与此同时，亦出现了大量的工人群众组织，卡特赖特上校（John Cartwright）在伦敦中上层人物中组织了"伦敦汉普登俱乐部"，其后，出现了像"曼彻斯特宪法会""曼彻斯特政治同盟"等组织，这些组织十分注重文化教育，认为这是提高工人政治觉悟，组织他们参加政治运动的手段。除了进行书籍报刊的阅读、讨论等活动之外，他们还开设了补习班。在激进组织和报刊的努力下，工人阶级举行了各种集会，这些集会受到了保守政府的镇压，像著名的"彼得卢事件"就是政府镇压的典型，但是工人阶级激进运动并没有因此而退缩。最终，迫于压力的政府走上了一条改革的道路，像后来的议会改革、宪章运动等都与工人阶级激进运动的努力密不可分。

第二节　激进报刊兴起

法国大革命的爆发造成了英国社会的极大震动，重新引起了社会各阶层对于改革的期望。1792 年潘恩的《人权》问世，在《人权》中潘恩痛斥汉诺威王朝以及旧的制度和法律，获得广大民众的认同，潘恩的作品在发行之初的几个月内迅速达到20 万份。[①] 由此在英国下层民众尤其是工人阶级中产生了巨大的影响，伴随着法国大革命而兴起的激进运动，最终得到了众多民众的支持，激进群众认为英国也应该掀起像法国一样的改革，激励他们将其对政治时事的热情转化为政治行动。

一、激进报刊的出现

法国大革命初期，受大革命的影响，英国掀起了激进运动。发起激进运动的中产阶级、工人阶级和反对党人士，大力赞扬法国大革命，认为英国也应该进行改革，以此推动议会的改革。而在其中，对于法国大革命的报道说明就像美国革命一

---

① 向淑君:《自由还是压制——从英国激进主义报刊的兴衰解读出版自由》,《浙江传媒学院学报》, 2008 年第 3 期，第 24—27 页。

样，报刊等印刷品通过提出对政治事务和事件的意见从而产生大规模群众行动的能力，将抽象内容更具体化。

最初的激进报刊是那些回应法国大革命的刊物，这些报刊受到了资产阶级激进派的影响，以托马斯·潘恩的哲学立场形成了自己社会改革的观点，表现得十分激进。以埃德蒙·伯克为首的保守派人士将激进群众讽刺为"猪一般的大众"，众多激进主义创办的以猪命名的出版物大量出现，比较著名的像两份伦敦周报《猪的作品》《猪肉》。这种类型的激进报刊既刊载民谣歌词、民间传说、赝造的广告，又刊载论述不公平、自由、腐败等主题的著作，"大众文学和严肃的政治读物相结合，给后来更优秀的激进印刷商和报业人士提供了攻击当局的话语、表达方式及文学工具。①

随着激进运动的发展，激进派逐渐达成了一个共识，他们决心教育大众，以启发大众的政治权利意识，以此促进议会改革。在这样的状况下，激进派积极宣传组织政治讨论，投入大量资金创办出版物，分发宣传品。例如著名的伦敦通讯社，在1794年1月到1795年1月期间，他们设法出版了一份8个版面的周刊《政治人》，共出版了4期。1796年6月到1797年

---

① 参见焦绪华：《1789年～1815年英国激进报刊业》，《广西社会科学》，2005年第1期。

5月，出版了月刊《道德与政治杂志》，共发行 12 期。[1] 很多地方组织也大力出版自己的宣传刊物，像曼彻斯特的激进派创办的《曼彻斯特先驱报》；谢菲尔德立宪社成员约瑟夫·盖尔斯出版的《谢菲尔德公报》，其后又出版了半月刊《爱国者》；诺维奇出版的《内阁》；理查德·菲利普创办的《莱斯特先驱报》；德比激进派一直支持的《德比水星报》；得到诺丁汉激进派助力的《纽瓦克先驱报》；剑桥激进民众创办的《剑桥情报员》等。[2] 也有一些激进个人创办的刊物，例如丹尼尔·艾萨克·伊顿创办的《大众政治》；托马斯·斯彭斯出版的《精饲料》，塞尔沃的《论坛报》。这些刊物大力宣传激进改革运动，希望以此促进英国议会改革，对于英国社会的民主化进程也起到了重要推动作用。

二、激进报刊与保守报刊的论战

法国大革命的发生引起了英国统治阶层的担忧，一方面是战争的威胁，另一方面则是激进思想在英国传播而引起的相关政治和经济权利的讨论。面对激进报刊的发展，为了通过遏制报刊阻止革命思想和热情的传播，政府在 1789 年将印花税提

---

① 哈里·狄金森：《英国激进主义与法国大革命 1789—1815》，第 33 页。
② 可参见哈里·狄金森：《英国激进主义与法国大革命 1789—1815》，第 33—34 页。

高到 2 便士，1797 年提高到 3.5 便士，但报刊的影响仍然存在。[1] 在 1793 年至 1815 年间，报刊舆论对法国革命动乱以及在随后的拿破仑战争中民众政治辩论的两极分化中发挥着重要的作用。关于法国大革命的讨论最终导致国内激进派和政府保守派的辩论和斗争，他们以报刊为宣传阵地对一系列革命和改革问题进行探讨和辩论，形成了一场关于改革的舆论战。

随着激进运动的兴起，激进报刊大量出现，这些刊物传播改革思想，支持大革命，提倡议会改革。[2] 激进报刊的发展以及关于改革要求，使得英国政府感受到了法国大革命似的威胁。从 1795 年开始，政府开始制定政策来限制激进报刊的发展，11 月，议会通过了《关于保护国王和政府人员的人身安全以对付叛国造反活动和侵犯法案》和《关于更有效地预防叛逆性的大会和集会的措施法案》两个法案来限制激进报刊，1789 年到 1815 年整个法国大革命期间，英国报刊的印花税更是提高了 266%。[3] 与此同时，随着大革命暴力倾向的发展以及对外输出革命，尤其是对英宣战。激进主义的报刊宣传在民众中的市场逐渐缩小，最初一直支持法国大革命和改革思想的报刊，像《纪事晨报》和《晨邮报》等，对大革命的态度开始

---

[1] Martin Conboy, *Journalism: A critical History*, 2004, p.90.

[2] 关于报刊对于支持改革的报道可参见第二章。

[3] 詹姆斯·卡瑞、珍·辛顿：《英国新闻史》，第 8 页。

产生转变，同时，与激进报刊几乎同时出现的大量保守刊物开始攻击大革命反对议会改革。

这些新出现的保守刊物多由政治精英主笔，而且政府更是通过给予报刊津贴的方式对保守刊物的宣传攻势进行资助，这种津贴甚至被列入政府财政预算，逐步形成了英国政府宣传经费中的秘密"津贴制度"。在伦敦，政府先后创办了著名的《反雅各宾评论》(1789)、《太阳报》(1792)，其后，又对《真正不列颠人》、《英国评论家》(English Reviewer)等进行了赞助。大量地方报刊亦是如此，像《曼彻斯特水星报》《曼彻斯特纪事报》《纽卡斯尔广告人》《纽卡斯尔报》《约克报》《切姆斯福德纪事报》《苏塞克斯广告人周报》等一类保守刊物，大量出现，并受到保守人士的支持和赞助。与此同时，对于保守主义的宣传来说，政治讽刺画和卡通漫画既吸收了受过既定教育的公众，也是向下层民众进行宣传的重要手段。像伊萨克·克鲁克香克(Issac Cruickshank)、詹姆斯·吉尔雷(James Gillary)、托马斯·罗兰森(Thomas Rowlandson)等众多讽刺画家们明确的赞颂英国宪法，希望保护它，使其免受外来的攻击和内部的颠覆。[1] 在论战中，保守派也积极创办刊物攻击激进派，宣传保守政治理念。

---

① 哈里·狄金森：《英国激进主义与法国大革命1789—1815》，第54页。

　　他们首先对法国大革命的暴力事件进行描述，以证明革命的恐怖和混乱，以此来攻击激进刊物的改革宣传。在保守刊物的宣传中，"九月大屠杀""国王和王后被送上断头台"都成为了描述的对象。在此基础之上，他们攻击英国的激进分子，指出激进分子的目的是要摧毁君主制，夺取财产，会造成社会混乱。《曼彻斯特水星报》宣称潘恩的邪恶是试图在这个国家的劳动人民中播下煽动叛乱的种子；《谢菲尔德报》将改革者称为"人类中的害虫和恶魔般的怪物"。[1]《世界报》也对国家可能面临的国内起义担忧，宣称尽管有政府宣传和压制行动以及忠诚者协会的存在，但叛乱潜伏在这个伟大城市的许多地方，在一个咖啡馆里，昨夜所有国王的废立以及他们最终的消失，都被囊括进了社会各阶层的必要福祉中。[2] 在攻击法国大革命和改革的同时，保守报刊亦极力抨击激进刊物。保守刊物中，最出名的是由乔治·坎宁（George Canning）、威廉·吉福德（Willian Giffford）、约翰·胡克曼（John Hookman）在1797年7月创办的《反雅各宾报》，该刊物作为政治期刊推出，售价6便士，尽管这一刊物只刊发了36期（1797年11月20日至1798年7月9日），但在影响反对激进变革的公众舆论方面

---

① Hannah Barker, *Newspapers, politics and English society, 1695—1855*, p.184.
② *World*, 13 December 1792.

产生了巨大影响。《反雅各宾报》创办的目的就是打击激进报刊，创办时即曾指出激进报刊是违反和歪曲真相的，并且发声要偏袒国家、公民、文明和宗教，并宣称雅各宾主义是不可调和的敌人。[1] 同时该刊物大力批判支持改革的报刊，宣称《晨邮报》已经超过了报刊内容的范围，在谎言、诽谤以及热衷于雅各宾主义的纯粹信仰中，它并不逊色于任何一个兄弟，但它必须在亵渎神灵的作品中屈服于《纪事晨报》。[2] 其后《反雅各宾报》被《反雅各宾评论》所取代，这本刊物一直发行到1821 年。

在这样的状况下，反法战争期间由于强大的保守势力以及民众保守情绪的高涨，激进运动不得不转入地下，激进报刊也进入了一段相对平静的时期。

第三节　激进报刊的挑战及发展

反法战争后期尤其 1815 年战争结束后，改革获胜论日益高涨，又出现了众多激进报刊。他们批判战争呼吁和平，并反对腐败提出改革。但随着六项法案的出台，激进报刊受到了严

---

① *Anti-Jacobin*, November 20, 1797.

② *Anti-Jacobin*, February 19, 1798.

厉压制，经历了一段时间的困难。但随着社会变革的发展，激进运动重新崛起，激进报刊也迎来了第二个阶段的发展。

一、战争后期激进报刊的发展

在反法战争的背景下，由于全国保守舆论形式，激进报刊被迫转入地下。1815 年，战争结束后，众多社会矛盾再次显现，国内矛盾的激化使得民众要求改革的热情再一次被激发。19 世纪 30 年代，激进报刊得以复兴，随着激进运动的发展，到 19 世纪，又出现了著名的激进报刊，威廉·科贝特创办《政治纪事周刊》，其后又主办的《两便士废物报》的发行量更是在 1816 年到 1817 年期间打破了当地所有报刊的发行纪录。还有，像托马斯·沃尔的《黑矮星》，理查德·卡莱尔的《共和报》，威廉·舍温（*William Sherwin*）的《政治纪事周刊》（*Weekly Political Register*）等。

在这些刊物中最为著名的当是威廉·科贝特的《政治纪事周刊》。《政治纪事周刊》创办于 1802 年，在此之前，科贝特就有在美国创办《箭猪》的经历，为周刊的创办积累了经验。科贝特创办这一刊物时，正值反法战争时期，这一刊物在一开始是反对法国战争的保守刊物，但是随着英国国内局势的变化，在科贝特的影响下，刊物的立场逐渐发生变化。科贝特指出，曾经"快乐的英格兰"正在沉沦，土地贵族通过控制衰败选区而控制下议院，这些人贪污浪费、奢侈腐败，将财政负担转嫁给无代表权的民众，造成了严重的社会问题，所以需要进行激进改革。[①] 而且宣布对于英国而言危险不是来自国外，而是国内的专制。[②] 在威斯敏斯特选举期间科贝特通过《政治纪事周刊》大力揭露腐败，指出当时的两党是腐败制度的代言人，并且呼吁支持激进派参选。[③] 随着战争的发展，科贝特开始对战争大力批判，指责银行家通过战争获得了巨额利润，而民众却饱受战争之苦。科贝特甚至将人民的敌人描述为一个双头怪，一个头是教会以及国家的特权阶层，而另一个则是大发战争之财的银行家和商人阶层，并且指出只有通过议会的改革才能战胜这个怪物。

保守主义者对科贝特的言论进行了大力批判，威廉·黑兹利特认为"无论权力在哪里，科贝特都反对它，他的原则是排斥，他的本性相互矛盾，科贝特就是由反抗组成的"，查尔斯·奈特（Charles Knight）更是直接称他为"一半是恶棍一半是天使"，并且指出天使的指控和恶棍一样不讨人喜欢。[④] 然而这些并没有阻止科贝特，正如其明确表示的那样：我告诉他们在穷人中看到的所有痛苦的原因，我向他们指出那些真正

---

①③ 赵文媛：《威廉·科贝特与19世纪初英国激进运动》，第212页。

② *Weekly Political Register,* 1 September 1804.

④ Martin Conboy, *Journalism: A critical History*, p.92.

的起因，然后我捶胸顿足，直到我强烈愤慨并且对有罪的政党进行痛苦的诅咒。① 科贝特通过简单明了、通俗易懂的语言向大众宣讲，激发群众的改革热情。1806 年，科贝特调整了《政治纪事周刊》的编排，大部分版面开始用于刊发激进评论文章，而且报道激进派的各种活动，该刊物逐渐成为激进舆论的喉舌，到 1804 年，《周刊》周销量达到了 4000 份，而到了1806 到 1809 年间，周销量则达到了 6000 份。② 尽管《政治纪事周刊》大力揭露政府腐败，维护民众利益，由于作为一份有印花的报刊其售价是 7.5 便士，对于普通民众而言是十分昂贵的。于是在 1816 年科贝特成功发行了无印花的《两便士废物报》，这份刊物只有两便士，作为一份周刊其发行量每周可以达到 4 万到 5 万份，甚至打破了当时所有报刊的发行纪录，在民众中产生了巨大影响。

除了威廉·科贝特和他的《政治纪事周刊》外，还有较为著名的《考察者》，该刊物由李·亨特和约翰·亨特两兄弟于 1808 年发行，刊物非常重视独立性，不以赚钱为目的，不接受广告，主张废除奴隶买卖、改革议会、实现公平的社会制度。

---

① *Weekly Political Register*, 11 April 1807.
② 赵文媛:《威廉·科贝特与 19 世纪初英国激进运动》，第 213 页。

　　针对这两份激进报刊，政府提起了大量诉讼，约翰和李都曾多次因其出版物而受到起诉，尤其是在 1812 年他们被指控犯有诽谤摄政王的罪行，两人被判处两年徒刑，并判处罚款 500 英镑。①1817 年，为了限制激进报刊，政府暂停了《人身保护法》，科贝特因此被迫逃亡。萨罗普郡地方法官汤森·佛瑞斯特（Rev. Townsend Forester）为阻止《科贝特的政治纪事》（Cobbett's Political Register）在附近的发行，甚至逮捕并鞭打两名小贩。② 然而这一事业却没有因此而终止，而是被诸如《黑矮星》《共和报》《每周政治纪事手册》以及《美杜莎》（Medusa）等刊物继承发扬。而随着反法战争的结束，英国的战后状况不容乐观，经济的萧条和大量失业人群的出现。这些状况被激进报刊大量报道，到 1819 年发生了彼得卢事件，激进报刊甚至各大报刊都对这一事件进行报道，激进报刊的发展达到这一阶段的顶峰。③

　　然而在这一阶段激进报刊的发展中也存在着不同声音，随着科贝特和李·亨特以及他们的《政治纪事周刊》和《考察者》影响力的增大，也出现了一些反对刊物，如 1817 年发行的《反科贝特报》（Anti-Cobbett）或《每周爱国纪事》（Weekly

---

① Martin Conboy, *Journalism: A critical History*, pp.93—94.

② Hannah Barker, *Newspapers, politics and English society, 1695—1855*, p.74.

③ 关于报刊对彼得卢事件的报道可参见第四章。

Patriotic Register）等。随后，政府则出台了六项法案，尤其是专门针对激进报刊的《亵渎和煽动诽谤法》以及《出版法》，报刊开始受到严重压制。

二、"六项法案"与激进报刊

1819 年 8 月 16 日，激进派在圣彼得广场组织了 8 万人的集会，在大会中他们向政府提出了改革选举制、废除谷物法、取消禁止工人结社法的要求，并且邀请英国激进政治改革家亨特在大会中讲话。面对这次集会游行，英国政府出动军队镇压抗议群众，造成十余人死亡、数百人受伤的惨案。随即包括激进报刊在内的众多刊物都对彼得卢惨案进行了报道，《自由帽》(Cap of Liberty)《黑矮星》《泰晤士报》纷纷对政府行为提出了严厉指责。

随着激进报刊的发展，尤其是彼得卢事件引发的报刊舆论，政府开始实行更加严厉的措施来惩罚煽动叛乱，同时压制激进出版物。1819 年，随着彼得卢事件的发生，英国议会果断通过压制骚乱的六项法案，法案直接取消了人身不受侵犯的自由，而且还限制集会以及出版自由。法案规定：第一，当局有权逮捕或拘留进行军事训练或者训练使用武器之人；第二，当局有权没收武器和逮捕甚至只是藏匿武器的嫌疑者；第三，禁止五十人以上的集会；第四，当局有权没收有煽动性的和诽谤性的出版物；第五，剥夺轻罪诉讼中的被告庭外和解权；第六，将报纸的印花税扩展至至政治宣传小册子及期刊。[①] 这六项法案被统称为"禁口令"。其中第四条和第六条直接针对激进出版物，第四条中，给予了当局以扩大检查和收缴诽谤材料的权利，这项法案直接被用来遏制激进报刊的扩张。第六条则直接放宽了报纸的界定，印花税扩展到一般小册子和期刊等。法案的实施使得激进报刊能够进入一个更有效和更具压制性的管辖范围，而且在新的印花税法案中，无论是报刊的价格以及发行时间都做了详细规定，甚至对于报刊版面的大小都有相应的规范。[②]

六项法案的实行，确实对报刊尤其是激进报刊造成了极大的困扰。对受害方给予罚款、流放、监禁和赔偿，所有这些都结束了激进报刊的第一阶段。在六项法案的规定之下，导致激进报刊只能有两种形式，一种是没有印花税、版面大小增加一倍、价格 6 便士的形式，还有一种是有印花、可以免费邮寄、7 便士的类似形式。[③] 随着印花税的上涨，报刊的价格也大规模上涨，由此而言，六项法案还在很大程度上成功地打破了激

---

① 王觉非主编：《欧洲历史大辞典·上》，上海辞书出版社 2007 年版，第 726 页。

② 参见 E. P. 汤普森：《英国工人阶级的形成》，第 820 页。

③ Martin Conboy, *Journalism: A critical History*, p.102.

进报刊与公众集会之间的联系。尽管《政治纪事周刊》大力揭露政府腐败，维护民众利益，但由于被迫扩大了刊物的版面，并且成为了有印花的刊物，7.5便士的售价，对于普通民众而言是十分昂贵的。

在这样的情况下，科贝特为了填补报刊的版面不得不加入一些老的文章，而且为了应付政府六项法案所征收的税务，不得已在刊物加入了盈利的广告，而沃尔也声称没有充足的版面来填充扩大的版面，不得已的情况下将《黑矮星》缩减而成为月刊。[1] 在法案的压力下，最终《黑矮星》被迫停刊。如此，战后一段时间里被唤醒的激进报刊在20年代又陷入了低谷。尽管在这一时期，受到镇压的激进报刊也开始以一种不同的形式进行出版，通过提供一种无争议的材料，创造更多的内容，教授大众以知识，内容以大量科普知识为主，例如，《便士杂志》(Penny Magazine)、《钱伯的爱丁堡杂志》(Chamber's Edinburgh Journal) 等。还有像本博（Benbow）的《漫步者杂志》(Rambler's Magazine)，从日常生活中获取材料，包括戏剧、体育和法庭报道等内容。就内容上来讲，尽管这些报刊仍然是具有一定批判性，但是严格来讲已经偏离了原先激进报刊的内容。

---

[1] Aspinall, Arthur, *Politics and The Press, 1780—1850*, pp.97—98.

三、激进报刊的复兴

随着社会的发展，到 19 世纪，对于反腐败、反奴隶制、反谷物法以及议会改革讨论等公开政治活动的支持成为了 19 世纪报刊的重要功能之一。早期激进报刊主要批判上层人士的腐败，并在许多问题上进行激烈讨论。而随着激进主义在 19 世纪 30 年代的复兴，报刊将教育民众视为重要的任务。伴随 1825 年经济的影响，激进主义思想不断发展，对议会改革的推动力量增加，他们也超越了简单的改变选举范围的想法。在这一阶段的激进报刊中，一些激进编辑直接蔑视法律，重新引入无印花税报刊，结合新闻和政治评论，致力于改革。而且随着资产阶级和工人阶级的崛起，阶级分化逐步成型，激进报刊亦对当时阶级利益的明确起到了重要的推动作用。

激进报刊重新崛起的表现，首先是大量报刊的出现。早期反对印花税的斗争，像威廉·科贝特、卡莱尔以及亨特等，在这一时期逐渐被更为激进和明确的社会主义宣传者所替代，新出现的这些著名报人，像赫瑟林顿和奥布莱恩等，他们普遍与各种工人阶级政治组织关系更为密切，开始致力于明确工人阶级的利益。出现了众多报刊，像《敦促者》(1830)、《欧文的危机》(*Owen's the Crisis*)(1832)、《世界公民》(*Cosmopolite*)(1832)、《男人》(*Man*)(1833)、《有用知识和合作杂记的先锋杂志》(*Pioneer Magazine of Useful Knowledge and Co-operative Miscellany*)(1830)和《工人之友》(1832)等。据统计，1830年到1836年之间，英国激进报刊有560份之多。[1]

随着众多报刊的出现，当局面临着巨大挑战，因为大量报刊是无印花报刊。与先前的激进报刊不同的是，此时的无印花报刊开始有组织的逃避印花税，这些激进无印花报刊有着严密的发行网络，由大量劳动阶层组成的团体，往往通过集资来购买积极报刊。随着1831年全国工人联盟的成立，工会的分支结构以及很多政治团体也会对购买激进报刊进行资助。甚至他们会威胁一些酒吧的老板，如果不购买激进报刊，就不会在此继续消费。而且还建立了受害者基金，对因未缴纳印花税而入狱之人的家庭进行经济援助。[2]

面对这样的局面，当局采取高压政策，试图压制激进报刊。激进报刊的创办者被逮捕，销售的小贩被监禁，甚至连印刷的纸张都被限制。尽管如此，这一阶段对于激进报刊的限制和打击却失败了。到1836年，政府表示已经用尽了法律提供的所有手段，仍然没有消灭无印花报刊。[3] 当时伦敦的无印花报刊读者数量达到了两百万，而且发行量也开始超过有印花的

---

① 凯文·威廉姆斯：《一天给我一桩谋杀案：英国大众传播史》，第56页。
② 参见詹姆斯·卡瑞：《英国新闻史》，第8—9页。
③ 参见詹姆斯·卡瑞：《英国新闻史》，第8页。

报刊。由于无印花报刊造成的不公平竞争，很多有印花报刊也宣称，如果不出台更有效的措施，他们也要拒绝缴纳印花税。

在这样的状况下，政府不得不降低印花税，激进报刊开始大力发展，还出现了像《每周警察公报》《北极星报》《每周快讯》《雷纳德的周报》《劳埃德周报》等众多的激进报刊。[1]《每周警察公报》在政府查抄其厂房的案件中胜诉，其后在1836年的发行量达到了4万份，打破了1816年到1817年由科贝特的《两便士废物报》保持的发行纪录。而随着宪章运动兴起的《北极星报》则在1838年成为发行量最多的地方报刊。随后兴起的激进报刊《雷纳德的周报》《劳埃德周报》则分别成为两大发行量巨头，在1856年甚至都超过了十万份的发行量。[2]

四、激进报刊对激进运动推动

激进报刊多由激进运动的一些组织或者激进运动的代表人物创建，像激进报刊之父威廉·科贝特创办的《政治纪事周刊》《两便士废物报》以及理查德卡莱尔主编的《共和报》、约翰·亨特和李·亨特创办的《考察者》等。还有工人阶级全国联盟的机关报《贫民卫报》和《工人之友》，《贫民卫报》是工

---

[1] 参见詹姆斯·卡瑞:《英国新闻史》，第13页。

[2] 参见詹姆斯·卡瑞:《英国新闻史》，第9页。

人运动的喉舌；布朗特雷·奥布赖恩（Bronterre O'Brien）创办的《毁灭》(*Destructive*)，有意识地发展工人阶级的激进理论。这些激进报刊大量报道工人斗争的内容，包括开展成立总工会的斗争，托尔帕德事件引起的抗议活动，此外还对社会主义和工会理论做过细致的讨论和解释。[1] 激进报刊在 19 世纪上半叶对于激进运动发展的促进作用是明显的，这些报刊作为传声筒有力的推动了激进运动的发展。

　　首先，激进报刊有效团结了全国的工人力量。激进报刊巩固了阶级意识，利用全国范围的覆盖能力，影响着整个国家的工人读者，使工人团体中的各种不同力量团结在一起，促进了工人阶级团体的联系。正如宪章运动领袖奥康纳所认为的那样，激进报刊是"将劳动人民连接在一起的纽带"。[2] 例如，1833 年到 1834 年间，很多正在成立的行业协会，可以在报纸上看到很多其他地方的工人都在进行着相似的斗争，像约维尔的手套制造工人、格拉斯哥和卡莱尔的橱柜制造工匠、北安普顿的制鞋匠和铁匠，以及伦敦的砌砖工人、泥瓦匠。[3] 甚至还能看到比利时和德国的工人运动，例如，科贝特就热衷于报道国外的运动状况，1803 年其在《两便士报》上报道消息：比

---

[1] E.P. 汤普森：《英国工人阶级的形成》，第 857 页。

[2][3] 参见詹姆斯·卡瑞：《英国新闻史》，第 13 页。

利时人民，那些普通人已经击败了前来强迫他们交付巨大金额税金的荷兰军队，这是一个极好的消息。[1] 与此同时，激进报刊也通过向全国报道地区性的工人运动，以此来减少距离对于工人运动造成的隔离。像对于《济贫法》的反对、抗议新机器的使用、要求缩减工时以及对于《大改革方案》的不满，很多报刊都对这些抗议活动有所报道。

其中，1832年通过的《大改革方案》，这直接导致了激进主义的分裂从而出现了众多由工人阶级控制的出版物，像《贫民卫报》《西部之声》(*Voice of West Riding*)、《工人之友》《毁灭》以及《政治手帕》《两便士电讯报》(*Two Penny Telegraph*)《政治引火木》等。[2]《毁灭》在评论法案时说，我们早已预见到他将会把以前曾倾向于同人民一起行动并受贵族排挤的大量中等阶级同工人阶级分离。[3]《两便士快报》在1836年报道，人们还以为中产阶级和劳动者有着一些共同的感情，那种幻想已经不存在了。……工人再也别指望有正义、道德和宽恕。[4] 法案通过后，《工人之友》也对背叛的中产阶级进行攻击，其宣称，中产阶级激进主义的堡垒已经遭到了

---

① *The Two Pennys*, 1 October 1803.

② 凯文·威廉姆斯：《一天给我一桩谋杀案：英国大众传播史》，第56页。

③ *Destructive*, 9 March 1833.

④ *The Two Penny Trash*, 10 September 1836.

猛烈的攻击，……中部地区勇敢的受到蒙蔽的人民尽管受到了商人君主政体的欺诈和镇压，但在那时依然成了工人阶级同盟。[1] 为了团结工人运动，他们甚至宣传团结全欧洲工人阶层，例如，在1833年，欧文运动中，《毁灭》有一篇致欧洲及北、南美洲大陆政府和人民的《大英及爱尔兰生产阶级宣言》，曾宣传说，"人类大家庭的兄弟们……"。这一年年底，关于英、法、德的公会之间建立某种共同的联盟的问题已经在讨论了。[2]《利兹时报》有文报道，仅仅在几天前，那些人还带领着大量工人去西区的威克菲尔德参加集会。当时就是现在企图镇压工会的人，为了进行政治改革还把工人组成庞大的队伍，他们确信如果不这样做，就不能从贵族方面获得政治改革。用这种方式来获得改革，看起来是加强腐败和压迫的最终手段。[3]

激进报刊在当时国家审查制度极为严厉的情况下，许多报刊如《政治纪事周刊》是不能通过国家邮政系统进行发行传递的。于是威廉·科贝特建立了一个有效的系统以便在全国范围内发行自己的刊物，英国的各级商店成为科贝特的销售网络，而且能够卖出1000份以上的商店店主享有一定的折扣。《政治

---

[1] *Friends of Workers and Political Magazine*, 5 January 1833.

[2] *Destructive*, 7 December 1833.

[3] *The Leeds Times*, 12, 17, 24, May 1834.

纪事周刊》呼吁劳动大众参加政治运动，并提出议会改革，这些内容对于当时的工人群众影响巨大，正如有丝织工人宣称："在南兰开郡的工业区，在莱斯特、德比和诺丁汉，以及许许多多的苏格兰工业城镇中，几乎每一座村舍炉边都在读这些文章，因为科贝特给他的读者指出受苦受难的真实原因，即劣政，指出适当的纠正方法，即议会改革"。①

其次，报刊对于工人阶级的组织工作有着重要推动作用。激进报刊对于一些商业协会以及政治组织，像全国工会以及宪章联合会等的发起和运行有着重要作用。激进运动的重要代表人物，奥康纳曾说，在宪章运动的报刊出现之前，我发现整个报刊界全都是沉默的，尽管我竭尽全力，但一个城镇的集会对于另外一个城镇来说完全是没有影响力的。② 而报刊的报道能够积极的激励民众参加集会，参与各种组织。与此同时，这些报刊的报道能够让工人运动的一些先锋人物得以闻名全国，例如，在偏远的托普顿乡村，加入公会而牺牲的无名农工在报刊的报道中得以成为名扬全国的英雄。③ 更为重要的是，这些刊物激励着众多工人阶级运动的活动家，使得他们能够在遇到困难和挫折时依然保持昂扬的斗志。不仅如此，很多激进

---

① 参见钱乘旦:《1815 年战后英国的工人运动及激进主义问题》,《南京师大学报》1981 年第 6 期。

②③ 参见詹姆斯·卡瑞:《英国新闻史》, 第 13 页。

报刊本身就是由工人组织的领导人物创办,其本身的任务就是服务于工人组织,像《人民之声》(*Voice of the People*)、《解放者》(*Liberator*)、《商业报》(*Trades Newspapers*)等激进报刊的所有者都是政治团体或者工会组织,很多受雇于《贫民卫报》《北极星报》《雷纳德的周报》的通讯员,同时也是全国工人阶级的联合会或者宪章运动的组织者。[①]凯文·吉尔马丁(Kevin Gilmartin)即认为,像《黑矮星》此类的激进报刊对改革运动的帮助就像关于议会的报道对国家服务的功能是一样的,这些刊物对一些集会和公开会议的报道将伦敦激进运动的领导人物和地方选区的大众联系到了一起,这是一种组织的方式。[②]

最后,激进报刊有着很好的动员作用。在工业革命时期的英国,报刊可以说是当时唯一的信息来源,对于当时民众有着重要意义,很多刊物都有众多的读者。菲尔登(Fielden)曾说,在奥康纳的《北极星报》出版日,人们总是在街上排队等候,那是一天中最重要的事情。[③]激进报刊的发行引起的讨论使得刊物动员效果得以强化,在当时的酒吧、咖啡馆、工作场

[①] 参见詹姆斯·卡瑞:《英国新闻史》,第 11 页。

[②] Kevin Gilmartin, *Print Politics: The Press and Radical Opposition in Early Nineteenth-Century England*, Cambridge University Press, 2005, p.30.

[③] 参见詹姆斯·卡瑞:《英国新闻史》,第 13 页。

所等一系列公共场所中关于刊物内容的讨论无处不在。例如，六项法案颁行后，虽然在短时间内对激进报刊造成了一定的影响，但是随着时间的推移，出现了众多应对方法，很多激进报刊开始采用公众和集体阅读的方式。他们聚集在咖啡馆、酒馆等地，以朗读的方式进行阅读，使得更多的人尤其是文化水平较低的民众获得信息。不仅如此，为了应对报刊价格的提高，也出现集体订阅的方式，几个家庭共同订阅报刊。① 詹姆斯·卡瑞即认为，这种报纸消费的社会形式使得当时政治报纸的宣传效果远远胜过今天。② 在这样的状况下，政府对于激进报刊的限制不仅没有阻碍其发展，反而促进了大众对刊物的关注度，促进了刊物的发行和宣传。

在现实的实践动员中，刊物首先对于他们所期待的社会进行了憧憬。激进报刊描述了一个仙境一样的过去，一个充满富足生活和自然正义的时代，他们勾画出一个理想中的美好未来，一个可以通过政治手段消除贫穷的世界，从而使得读者充满了希望和憧憬。对于这种状况，议员菲里默（Philimore）说，那些臭名昭著的出版物……燃烧起了他们的热情，唤醒了

① 关于报刊的阅读订阅情况具体可参见 E. P. 汤普森：《英国工人阶级的形成》，第842—843页。

② 参见詹姆斯·卡瑞：《英国新闻史》，第13页。

他们的私心，将他们的现状和他们所憧憬的未来相对立。① 与此同时，激进报刊极力动员民众。面对工人抵抗运动发展集体缺乏信心的状态，刊物大力宣传民众力量，例如科贝特的《政治纪事周刊》就曾经宣称，国家真正的力量和所有资源都来自劳动人民。这种不同的价值体系彻底颠覆了现有的世界观，使得广大劳动者通过报刊对自己的社会角色有了全新的认识。②

在这样的状况下，受到激进报刊动员的工人阶级开始发动工人运动，1842 年，工人阶级发动了要求保障普选权的大罢工。在刊物的动员下，这场罢工得到了很多地方工人大众的支持，兰卡郡的产业工人，以及约克郡和梅地兰的一些工人都参与了罢工，尽管罢工最终被镇压，但是反映了在当时社会中激进报刊极大的动员力量。

第四节　激进报刊的消亡

面对高额的印花税，激进刊物为了更好的发行传播，他们选择了不缴纳印花税。针对这种状况，政府最初的政策是严厉控制。尽管如此，这些限制并没有达到限制激进报刊的目的，

---

①② 参见詹姆斯·卡瑞：《英国新闻史》，第13页。

激进报刊的发展势头依然高涨。例如，1819 年，共和报的主编被起诉后，这一刊物的销售量反而上升了，发行量甚至超过了平时的 50%；据统计，1836 年伦敦未缴纳印花税报刊的读者数量更是达到了两百万。[①] 当时激进报刊的发展可见一斑。

一、激进报刊的运行

19 世纪第二个十年，出现了众多的激进报刊，能够与迅速发展的关注政治的读者保持一致性和忠诚度，他们能够做到这一点，是因为没有与更频繁和更多样化的商业出版物相关的成本。与此同时，他们也逃脱了对其他报纸征收的税务，因为他们不包含新闻，只包含对新闻的政治评论和意见。尽管这一直是新闻业范围的重要组成部分，但是，当时并不被认为这是对于报纸狭隘定义的一部分，这对于激进和无印花的报刊来说是暂时的优势。激进主义报业既不接受政府津贴也不依靠广告费用来维持生存，他们的主要经营方式是以低成本投入和相对不错的销售量维持运转。

激进报刊之所以能够在政府的严厉封锁中生存下去，首先，一个较为重要的原因是激进报刊的成本较低。他们不缴纳印花税，售价也低。例如，早期的一些激进个人创办的刊物，

---

① 参见詹姆斯·卡瑞:《英国新闻史》,第 8 页。

如丹尼尔·艾萨克·伊顿创办的《大众政治》的售价只有 2 便士，托马斯·斯彭斯出版的《精饲料》更是低至 1 便士。①从 1816 年 11 月开始，科贝特的《两便士废物报》首次向工薪阶层读者提供无印花的周刊，《共和报》《北极星报》《每周警察公报》等也都不缴纳印花税，所以刊物生产成本较低。而同期科贝特的《政治纪事周刊》的售价则有 7.5 便士之高，②《泰晤士报》的售价则为 7 到 8 便士，这就导致一般的工人阶层和民众很难能够付得起订阅费用。同时，19 世纪早期，大部分未缴纳印花税的激进报纸只要花十来英镑就能开办，1836 年，缴纳印花税的激进报纸采用较为复杂的机器印刷，开办费也不高。据估计，在当时报刊采用手摇印刷机的情况下，价格便宜，只需要 10 到 15 英镑。1835 年创办的《两便士电讯报》每周运营费用只需要 6 英镑。③1837 年《北极星报》每周运营也只需要 9 英镑。④因此这些激进报刊在较低的发行量的情况下就能达到收支平衡。

与此同时，这些激进报刊受到了激进人士以及广大工人阶级的大力支持，像《伦敦快报》（London Dispatch）购

① 哈里·狄金森著：《英国激进主义与法国大革命》，第 35 页。
② 凯文·威廉姆斯：《一天给我一桩谋杀案：英国大众传播史》，第 51 页。
③④ 凯文·威廉姆斯：《一天给我一桩谋杀案：英国大众传播史》，第 63 页。

置机器的资金主要来自激进民众的捐助以及主编海瑟尔顿（Hetherington）其他出版物的盈利。《北极星报》在 1837 年创办的时候只用了 690 英镑，这些钱也是来源于读者的预先订阅费用。[①] 另外，政治团体和工会组织也创办了一些刊物，如《人民之声》《解放者》《商业报》等；还有一些早期的地方激进报刊，像谢菲尔德宪法资讯社的著名会员约瑟夫·盖尔斯（Joseph Gales）创办的《谢菲尔德公报》，曼彻斯特立宪社创办的《曼彻斯特先驱报》等。

　　多数激进报刊是以服务激进运动为目的，所以激进报刊与其他类型刊物经济结构是不同的，很少能得到广告商的惠顾。由于不需要广告支持，刊物也不必迎合广告商和上层富裕读者群，能够始终保持自己的激进锋芒，坚定的定位于工人阶级受众，毫不妥协地攻击压迫工人阶级的资本主义。激进报刊除了得到广大激进群体的支持外，另外一个重要的特征就是其收入主要来自刊物的发行，这些刊物很少刊登商业广告。因为激进报刊以宣传激进内容、促进改革为目的，他们认为刊登广告违背报刊本来的初衷，例如，《伦敦快报》就曾经宣称，我们宁愿受到起诉、罚款之类的待遇，肯定的是，这远远比赚那

---

　　① 参见 James Curran, Mass Communication as a Social Force in History, *Mass Communication and Society*, Open University Course Unit 2, Milton Keynes: Open University Press, 1977, p.207.

些广告商的钱更加光荣。[①] 这种广告较少的状况在激进报刊中广泛存在，据统计，与《泰晤士报》《晨邮报》《纪事晨报》《广告人晨报》等相比，这些报刊每千份的广告税是激进报刊的 50 倍，即使是那些能够盈利的报刊，像科贝特的《政治纪事周刊》1817 年全年只有 3 个广告。[②] 在广大工人群体的支持下，很多激进报刊发行量较大，例如，在 1816 年到 1817 年期间，科贝特的《两便士废物报》的发行量打破了当时所有报纸发行的纪录；[③]《每周警察公报》的发行量在 1938 年达到了 4 万份，这个数目是当时像《星期日泰晤士报》以及《贝尔的伦敦生活报》等报刊的两倍多。著名的激进刊物《北极星报》在 1838 年也成了地方发行量最大的报刊。[④] 从这一方面而言，激进报刊能够从发行中取得较好的收益。《两便士电讯报》的创办者海泽·芮顿从其出版生意中获得了 1000 英镑，《北极星报》在 1839 年的利润是 1.3 万英镑，1840 年的利润为 6500 英镑。[⑤]

---

① 参见刘可:《1830 年后英国激进主义报纸的繁荣与衰》,《视听》, 2018 年第 8 期。

② 参见 James Curran, Mass Communication as a Social Force in History，*Mass Communication and Society*, p.207.

③ 汤元珠:《19 世纪上半叶英国激进主义报业繁荣探析》,《新西部（理论版）》, 2015 年第 6 期。

④ 参见詹姆斯·卡瑞:《英国新闻史》, 第 10 页。

⑤ 参见 James Curran, Mass Communication as a Social Force in History, *Mass Communication and Society*, p.210.

在这样的状况下，激进报刊这种经济结构很容易支撑刊物生存下去，19世纪30年代，《贫民卫报》在发行量达到了2500份的情况下就基本能够实现收支平衡。[①]《伦敦快报》声称在每份报刊3.5便士的情况下，发行量达到16000份就达到了收支平衡。《北极星报》的售价为4.5便士的时候，每周只需要卖出6200份就达到了收支平衡。[②]

二、激进报刊的衰落

19世纪三四十年代，在工业革命进程中，随着知识税的废除以及新科技的应用，加之民众知识水平的普遍提高，报刊出版业取得了历史性进步。但是，在报刊不断发展繁荣的大众化进程中，激进派报刊走向了衰落，这是多种因素共同作用的结果。

激进报刊衰落最重要的原因是自身发展模式。激进报刊诞生之初就不以盈利为目的，而是单纯的以政治宣传为目的。例如《贫民卫报》曾声称，我们的目的不是赚钱，而是痛击政府。[③]这种不妥协的强烈的战斗意识是激进报刊走向衰落的重要原因。既不符合英国传统文化的妥协模式，也没有顺应当时

①② 参见詹姆斯·卡瑞：《英国新闻史》，第10页。

③ 参见刘可：《1830年后英国激进主义报纸的繁荣与衰败》，《视听》，2018年第8期。

社会的环境。

随着英国社会经济政治环境的变化，激进报刊失去了赖以生存的社会环境。第一次议会改革，中产阶级取得了权利，工人阶级被孤立，而随着国内外矛盾缓和、经济的快速发展和生活水平的提升使得广大民众的政治热情逐渐减退。与此同时，社会秩序的稳定也使得激进主义开始衰落，从 19 世纪三四十年代开始，工人的工作环境、工资水平、生活与住房条件以及教育状况等都逐步得到了提高改善，在这样的状况下工人阶级的战斗性不断减弱，激进报刊就此失去了赖以存在的环境和潜在的市场。正如威廉·科贝特所说：我不相信你能煽动一个吃饱了肚子的人。[1] 而马克思在 1864 年所写的《国际工人协会成立宣言》中也指出，英国工人阶级的机关报刊由于群众的漠不关心而相继停刊。[2]

尽管激进报刊衰落是多种原因的综合结果，但知识税的废除带来的影响是较为重要的原因。首先，知识税废除，直接推动报刊出版业的商业化和大众化，而在这条大众化、商业化的道路上，以营利为目的非政治刊物逐渐成为报刊出版的主流内容，以政治内容为主的激进报刊的关注度不断降低，由此而

---

① 克莱顿·罗伯茨等著，潘兴明等译：《英国史》（下），商务印书馆 2013 年版，第 211 页。

②《马克思恩格斯全集》第 16 卷，人民出版社 1964 年版，第 10 页。

言，是市场"杀死"了激进报刊。其次，报刊市场出现了众多
发行较为便宜的刊物，这些刊物的出现直接使走低成本销售路
线的激进报刊丧失了竞争优势。具体而言，知识税废除使得报
刊产业迅速发展，而伴随着工业革命带来印刷、排版以及众多
新技术的运用，则大大增加了报刊固定产业的成本。如此情况
下，市场的准入门槛逐步提高，导致本就难以维持的激进报刊
的创办和发展更加困难。与此同时，随着大众化市场的发展，
对报刊提出了越来越高的要求，报刊越来越趋向于专业化。报
刊发行量的增加，刊物版面的扩展，雇佣记者编辑的工资和刊
物宣传推广费用的提高也增加了报刊出版的成本。总的来讲，
随着报刊价格不断下降以及成本的提高，导致激进报刊原先通
过发行刊物就能获得盈利的情况一去不复返了，很多时候报刊
的发行成本超过售价，激进报刊更加举步维艰。

与此同时，广告税的取消，也彻底改变了报刊的经济结
构。广告的大量增加，使得报刊不再依赖销售报刊本身就可以
获得收入，所以为了赢得发行量从而取得较高的广告收入，很
多刊物极力压低刊物售价。这使得一直不以赚钱为目的且抵触
广告的激进报刊面临着巨大的经济压力。因此，在这一时期广
告成为很多激进报刊面临的较为困难的选择，激进报刊要么继
续坚持激进目标，而走向停刊的结局，要么重新定位刊物受
众，不断减少激进内容以吸引广告商需要的读者。在这样的状

况下，大部分激进报刊选择了第二条路，因为唯一能够生存下去的方式就是接受商业化的运作模式。由此很多报刊开始接受广告，隐藏激进的政治内容，刊登迎合大众口味的内容。很多激进报刊都开始重新使用通俗的传统方式，甚至通过小道消息和娱乐新闻来宣传激进思想。两条路的结果，要么停刊，要么消除激进的内容。由此来看，无论哪条道路的最终结果都是激进报刊的最终消失。

如此背景中，在报刊经济上越来越依赖于广告收入的情况下，导致致力于激进内容宣传的激进报刊最终只能走向消亡。这种情况可以说是激进报刊所始料未及的，贵族国家用最严厉的压制手段都无法办到的事情，市场做到了，而19世纪中叶这段时间，并非报业自由的一个新开端，这一时期恰恰推行了一种新的报业检查制度，这种制度比先前的任何检查制度都更加有效，市场的力量成功地将报业纳入社会秩序之中，而这正是先前通过立法压制所没有完成的。[①]最终，激进报刊走向了商业化和大众化的道路，原有的激进报刊也就不再存在了。

总之，法国大革命结束后，随着激进主义的再次复苏，激进报刊取得了巨大发展。然而随着知识税的废除以及工业革命

---

① 杨击：《传播·文化·社会——英国大众传播理论透视》，复旦大学出版社2006年版，第86页。

的推动，最终报刊迎来了商业化和大众化，而且随着国内矛盾的缓和，民众政治热情逐渐减退。因为由于它集中于政治方面的内容与其他更多样化和有市场的竞争对手相比，变得单调而不能吸引读者。在这样的状况下，为了能够生存下去，激进报刊不得不融入商业化主流方式，接受广告并且增加非政治娱乐性内容。转变以后的报刊已经不能算是激进报刊了，因为这些报刊已经失去了激进报刊原有的性质和目的。在这样的背景下，随着社会变革的发展，激进报刊作为特定政治经济环境下产生的刊物，尽管对当时的英国政治产生了重要影响，也不得不退出历史舞台。

第四章

报刊与第一次议会改革

英国的第一次议会改革发生在 1832 年，在改革的过程中报刊一直发挥着相当重要的作用。影响力不断增大的报刊不仅是各阶层关于改革的具体内容探讨的重要平台，而且在实际的过程中，报刊产生的舆论对于此次改革也起到了重要的推动作用。

第一节　第一次议会改革的起源

光荣革命之后，英国议会成为国家权利中心，因此对于议会改革的尝试也是为了争取国家权利。国家议会选举制度自光荣革命之后，到 1832 年之前一直没有变化，议会始终被大土地贵族控制。随着时间的推移，议会逐渐产生了三个方面的问题：选举权狭小、议会席位分布不合理、选举方式较为腐败。^①尽管如此，因为这一议会选举制度能够保证英国占统治地位的土地贵族利益，所以能够维持。

但是，工业革命引起的社会变革改变了现有格局。18世纪末，随着工业革命的进行，拥有大量财富的工业资产阶级以及人数众多的工人阶级开始在社会中形成，新出现的阶层由于没有相应权利保障，便意识到现存议会选举制度的不合理，要求改变这一制度，从而掀起了持续一个世纪的议会改革。

18世纪60年代，以"威尔克斯事件"^②为起点，英国掀开了国内政治改革序幕。法国大革命后，受启发的中下层民众

---

① 钱乘旦：《英国通史》第5卷，第105页。

② 1762年，议员威尔克斯创办《北不列颠人报》(North Briton Newspaper)，载文批评国王乔治三世的演讲，甚至称专职负责贿赂的官员是"最卑贱以及最肮脏的人物"。司法大臣认定其犯了煽动诽谤罪，宣布其"无耻的诽谤作为一种最恶劣的不端行为将受到惩罚"，随后被投入伦敦塔。但在法庭上，法官根据议员不受逮捕的规定将其赦免。随后其在《北不列颠人报》等刊物上发表的宣传文章吸引了大多数公众，由此激起了民众自发抗议运动，民众的行动开始影响英国的议会政治，"威尔克斯与自由"成了当时最流行的口号。众多刊物掀起了一场颇具声势的声援运动，他们纷纷评论并批评王室行为和议会决定，谴责政府破坏宪法的做法，支持威尔克斯。威尔克斯的事件的发展，事件本身的发展逐渐超出了宪政原则和体制，发展成为如何对待现存宪政的斗争。参见钱乘旦、李季山：《走向民主——英国第一次宪政改革》，南京大学出版社2001年版。

开始联合，挑战现存政治秩序，倡导议会改革分享国家政权，反对贵族寡头政治。他们发起了众多的组织和活动，开展请愿运动，来促使议会进行改革。面对议会改革的呼声以及各地改革组织的蓬勃发展，处于统治地位的大土地贵族于1799年颁布了《结社法》，禁止民众结社，严厉限制推动改革的各种组织以及活动。随即，改革活动很快销声匿迹，即便是一些较为顽强的组织也不得不转入地下活动。从这一时期一直到法国大革命结束是英国保守政府统治的高压时期。

尽管处于高压之下，关于议会改革的运动并没有因此而消失，"黑照灯"的传说以及卢德运动的发生都与之相关。转入地下的改革活动也没有因此而处于长时间的沉寂状态，拿破仑战争结束之后，物价上涨，失业率升高，处于水深火热中的民众意识到这些状况都是不合理的政治制度造成的，议会改革运动再一次爆发。首先，在威廉·科贝特和约翰·卡特莱特的倡导下，以汉普顿俱乐部为领导掀起了和平改革运动。他们召开讨论会，发行宣传刊物，组织请愿运动，以此推动议会改革。与此同时，亦出现了一个具有暴力倾向的"斯彭斯博爱主义协会"，这一协会相信只有利用暴力手段才能改变英国的政治制度，在1816年12月2日群众大会之际，他们制造了骚乱。政府以此为借口开始镇压全国的改革运动，1817年3月，议会终止了《人身保护法》，接着又颁布《反煽动性集会法》，禁止一切改革活动，逮捕改革派人士，汉普顿俱乐部运动因此失败。1818 年英国经济状况再度恶化，《人身保护法》按期恢复，议会改革运动再一次掀起高潮。1819 年，曼彻斯特、伯明翰、斯托克波特、利兹、谢菲尔德等工业城市成为群众运动的中心，很多地方召开群众性集会，要求议会改革。①

1819 年 8 月 16 日，曼彻斯特的工人改革派举行了一次大型集会运动，但是与会群众遭到了政府武装的血腥屠杀，这就是著名的"彼得卢事件"。以彼得卢事件为借口政府对改革运动开始了全面镇压。为报复政府的镇压，斯彭斯博爱主义者发动了刺杀内阁大臣的事件，被称为"卡图街阴谋"，刺杀最终失败，带头者被处死或流放。这样 19 世纪前二十年以工人阶级为主的议会改革运动并没有取得实质进展。

但是，随着托利党的分裂，改革运动出现转机。20 年代初，以坎宁、罗伯特·皮尔、威廉·哈斯基森为首的托利党自由派与威灵顿意见不合，以他们退出政府为标志，托利党开始分裂。《天主教解放法案》的发布进一步加深了托利党的分裂。1830 年英国发生了"斯温上尉"暴动，动荡的社会局势下，在激进派、自由托利党人以及极端托利党的支持下辉格党击败了威灵顿政府。格雷上台组建内阁，开始了议会改革。但是由

———————
① 钱乘旦等：《英国通史》第 5 卷，第 110 页。

于议会控制在保守托利党手中，改革在议会中有着被否决的危险，因此格雷要求册封足够多的新贵族来促进法案通过。被国王否决后，格雷以辞职相威胁，加之当时的社会环境，保守托利党被迫妥协，法案通过，英国迈出了贵族制向民主制度转变的第一步。

第二节　议会改革与报刊

报刊作为当时最为重要的信息传播和宣传平台，在议会改革的过程中一直是关于改革的宣传和斗争场所，无论是支持还是反对议会改革的声音在报刊中均大量出现。这些刊物的宣传代表着不同阶层的利益，他们力图通过报刊的舆论宣传，来传播自身理念影响本阶层民众，政府亦多创办和通过津贴等手段来控制报刊与改革舆论论战。没有发生法国式暴力革命的状况下，报刊是议会改革中各方势力进行角逐的重要场所。

钱乘旦认为，在英国议会改革过程中，存在着三大阶级、六种力量，三大阶级分别是资产阶级、工人阶级、大土地贵族；六种力量分别是工业资产阶级、中产阶级、产业工人、手工工匠等独立生产劳动者、托利党贵族和辉格党贵族。[1] 在这

---

[1] 可参见钱乘旦：《试论英国各阶级在第一次议会改革中的作用》，《世界历史》1982年第4期。

些阶级和力量中，实际上只有当时掌权的托利党贵族竭力维护旧制度反对议会改革，但是剩下支持改革的阶层和力量的要求又各不相同。在这样的状况下，他们互相结盟又互相牵制，因为相同的利益而走到一块，又因为利益冲突而分道扬镳，他们在议会改革斗争中的分分合合以及他们的改革要求都在报刊辩论中有所体现。

一、早期议会改革呼声在报刊中的体现

英国 1832 年议会改革由发起到最终完成经历了一段很长的时间，尽管频繁的呼声和政治运动始于 1760 年"威尔克斯事件"。但是，早在 1647 年英国革命时期，平等派就曾提出名为"人民公约"的纲领，主张：废除君主制，建立共和国；取消上院，成立一院制议会；实行普选原则，凡年满 21 岁成年男子一般都应该享有选举权，按人口比例重新分配选区。[①] 其后 1711 年、1714 年，议会下院都有人提出改革选举制度的议案。

18 世纪末，威尔克斯事件中关于议会改革的政治运动开始兴起，随着改革阵营的形成，尤其是法国大革命发生后关于议会改革的呼声越来越频繁。随后出现了众多以促进议会

---

① 钱乘旦、李季山：《走向民主—英国第一次宪政改革》，第48页。

改革为目标的改革团体。例如，1771 年，成立的伦敦宪法协会，1780 年，卡特莱特少校成立的宪法知识协会，1792 年成立的伦敦通讯社，同年，福克斯成立了人民之友协会。这些改革派协会都有着一个目标，促进议会改革的进程，最早关于议会改革的报刊舆论就是由这些组织创办的报刊发出的呼吁。例如，《政治人》《道德与政治杂志》，18 世纪后期的地方组织创办的激进报刊，如《曼彻斯特先驱报》《谢菲尔德公报》《爱国者》《内阁》《莱斯特先驱报》《剑桥情报员》等。① 这些刊物大力宣传激进的改革运动，希望以此促进英国议会改革。《肯特公报》和《谢菲尔德公报》发文宣称，要以法国为榜样，进行改革。② 这些报刊尤其是激进报刊对于议会改革的倡导，便是较早关于议会改革的报刊呼吁。

然而，这些关于议会改革的辩论始终停留在报刊舆论的争论上，没有取得什么实际成果。这些呼吁随着反法战争的开始以及政府保守政策的压制出现变化，保守派认为，面对法国威胁的情况下不能进行改革，贵族改革集团亦认为对法战争期间最主要的是对外战争，国内改革只能留待战争结束后再进行。倡导改革的激进报刊被迫转移到地下，等待着新时机的到来。

---

① 关于这些激进报刊的具体情况参见上文；也可参见《英国激进主义与法国大革命 1789—1815》。

② 具体参见上文两份报刊对于法国大革命的报道。

二、战后议会改革呼声的复苏

1815 年，持续二十多年的反法战争结束，消除了英国来自外部的威胁。但是英国国内的情况却不容乐观，战争后的复原以及战争导致的严重经济问题，使得英国国内局势愈发的动荡。在这样的背景下，战前被压制的国内矛盾再次出现。

随着工业革命的进行，资产阶级和工人阶级的力量不断壮大，他们认为战争结束后议会就会缓和对于改革运动的镇压，倾听人民关于改革的呼声。因此，民众对于战后的改革抱有很大期望。但事实并非如此，战后保守政府延续了战争期间的保守政策，不仅继续压制民众的改革意愿。而且面对战后经济问题严重、民众大量失业的情况，施行了伤害民众利益的措施，这一措施便是颁布了《谷物法》，该法的颁布，抬高了当时的粮食价格，造成了生活用品和原料价格的上涨，完全是为了保护土地贵族的利益。因此，严重激化了当时的国内矛盾，资产阶级和工人阶级强烈要求改变现有的政治无权状态，呼吁进行议会改革。在这样的环境中，人民大众对于政治的影响力不断增长，与此同时，大众对国家运作方式提出了越来越高的要求。皮尔在 1820 年写道："难道你不认为有一种感觉变得越来越普遍，并且更加明确的是，不同于税收压力和任何其他的直接原因，民众关于支持管理国家的模式出现了一些不明确的

变化？在我看来，这是一场奇怪的危机，当公众舆论从来没有
对公共措施产生这样的影响时，却从未如此不满意它所拥有的
份额。"①

在议会改革的运动中，报刊发挥了重要的作用。政府在战
争期间就认识到了报刊在创造政治话语中的重要性，所以战后
保守政府依旧对报刊进行大力控制，1815年印花税已经增加
到了4英镑，是1789年的两倍之多，这使得报刊的成本急剧
升高。然而这样的一些做法却没有能够达到目的，战后报刊的
独立性日益增强，像《泰晤士报》在伦敦的影响力极大，主
编巴恩斯甚至被称为"朱庇特"。还有地方上的《曼彻斯特卫
报》和《利兹水星报》等对于地方民众产生了重要影响，当然
还有数量众多的激进报刊再次兴起。

与此同时，国内外局势也对报刊产生了重要的影响。一方
面，拿破仑战争的结束使得报刊对国外的外交和军事新闻的兴
趣开始降低，而随着国内矛盾的发展，报刊开始关注国内问
题。另一方面，随着外部威胁的解除，在国内社会矛盾的影响
下，英国报刊的分歧越来越大，而且开始出现两极分化。一方
面是保守政府支持的保守报刊，而另一方面则是对议会改革起
到重要推动作用的激进报刊，当然也包括很多独立性相对较强

---

① Hannah Barker, *Newspapers, politics and English society, 1695—1855*, p.197.

的报刊。尤其是对于当时没有政治权利的资产阶级和工人阶级，他们大量利用报刊进行宣传，这些宣传吸引了大量的读者群体，使得报刊与民众的关系越来越密切，报刊的影响也越来越大，逐步成为名副其实的"第四等级"。

支持议会改革报刊主要是较为直接激进的工人阶级激进报刊和改革派地方报刊。激进报刊，像威廉·科贝特的《政治纪事周刊》，托马斯·沃尔的《黑矮星》和先后由威廉·舍温和理查德·卡莱尔执编的《每周政治纪事手册》。还有地方上的《利兹水星报》《诺丁汉评论》《曼彻斯特时报》等。

其中，战后最为著名的激进报刊是 1816 年由科贝特发行的《政治纪事周刊》，这种类型的出版物在某些方面更像是周刊而不是报纸。最初，其作为一本致力于社论文章的刊物，却通过一种易于掌握的散文风格进行写作，没有先前那种复杂的句子结构和不明了的含义，一出版便备受欢迎。有学者认为，由于对新闻内容的法律争斗，此类报刊只是以一种较少"以新闻为中心"的形式出现，而这些刊物有时包含新闻材料，更重要的是这些刊物被当时的大众广泛认为是报纸。[1] 科贝特主导下的《政治纪事周刊》为了避免印花税便以一种省略新闻的展

---

[1] Kevin Gilmartin, *Print Politics: The Press and Radical opposition in Early Nineteenth-Century England*, Cambridge, 1996, p.77.

开版面出版，取得巨大的成功，据科贝特声称，其第一期的廉价版卖出了 44000 份，而到了 1817 年发行量则直接达到了每周 60000 到 70000 份。[①] 以该刊物为平台，科贝特支持议会改革，对政府的腐败行为进行批判，批评贵族、祭司、国家养老金持有者以及一些地方居民和所有其他依靠劳动者的税收来生活的"寄生"阶级，指出"一个国家的真正力量和所有资源，主要是从人民劳动中诞生的，民众现今痛苦的原因是大量的税收，以及政府迫使我们提供其军队支持，还有支撑养老金领取者等寄生阶层"，科贝特还断言，改革事业的成功以及国家福祉与和平构想在很大程度上取决于报刊的努力。[②]

《政治纪事周刊》对于政府的腐败进行了大量揭露，对于议会改革给予极大支持，引起了政府的关注。科贝特在继1810 年被监禁两年且被罚款 1000 英镑之后，1817 年，因人身保护令的暂停而逃往美国。[③]《政治纪事周刊》停刊之后，《黑矮星》迅速填补了《政治纪事周刊》空缺的位置，大力呼吁政治改革和社会正义。[④] 作为工人阶级改革运动主要阵地的《黑矮星》，一直强调有组织的互动，提倡群众集会和请愿，大力报道工人活动，推动工人运动的发展。还有像威廉·舍温和理

① Jeremy Black, *The English Press 1621—1861*, p.166.

② Hannah Barker, *Newspapers, politics and English society, 1695—1855*, p.198.

③④ Jeremy Black, *The English Press 1621—1861*, p.167.

查德·卡莱尔执编的《每周政治纪事手册》也是当时较为著名的支持议会改革的刊物。其后还出现了《共和党人》《美杜莎》《自由帽》《便士政治家》《英国人》《白帽子》。这些报刊从批判现有的腐败开始，提倡廉洁政府，要求改变现有的对于资产阶级和工人阶级造成极大损害的经济政策，进而提出实现改变经济政策的议会改革要求。这些刊物以及他们主导者也成为了倡导议会改革和促进改革运动发展的重要力量。

在这些刊物的批判对象中，首当其冲的是当时新《谷物法》的税收政策以及政府的腐败。1815 年，为保护英国农业，政府颁行了新的《谷物法》，禁止殖民地之外的外国小麦进口，导致国内谷物价格高涨，对民众的生活造成严重困扰。尽管政府指出新法令的目的是维护经济稳定，但民众认为新的法令是为了维护贵族地主在政治上的地位。就实际而言，《谷物法》保护了农业和农民阶级的利益，但导致食品价格提高，导致城市民众尤其是工人阶级生活必需品价格的升高，引发了工人阶级的不满。尤其是底层工人阶级强烈要求废除《谷物法》。另外，对于工商业资产阶级而言，《谷物法》导致英国工业品出口受限和用工成本的提高，阻碍了英国工业品的国外销售，严重损害了他们利益，他们亦要求废除法令。

对于《谷物法》的抗争，很大程度上与议会改革相关。像《利兹水星报》这样的报刊强烈批评政府在战争上的开支以及持续到和平时期的痛苦。该刊攻击《谷物法》，并支持制造业区抵制该法案的运动。不仅如此《利兹水星报》将反对《谷物法》和议会改革联系到了一起，认为政府和议会不会主动减轻工业发展的负担，所以为了废除此类法案必须要先进行议会改革，宣称，在我们的代表制度中至少有十分之九的土地利益上存在不平等，虽然商业和贸易利益在数量和重要性上相当平等，但却也陷入了微不足道的境地，这种有缺陷的代表制度的自然结果是我们的谷物和羊毛法案。① 可见反对谷物法已成为议会改革运动的一部分，而报刊对于谷物法的反对也促进议会改革的发展。

此类宣传在一些地方报刊大量出现，尤其在工业中产阶级居多的城市中。当时的中产阶级作为经济的巨人和政治的侏儒，一方面要保护自己的利益，另一方面他们也害怕自己努力的成果会付诸东流。所以在反对谷物法的斗争中，一直患得患失。最终，要想改变当时法令对他们利益的损害，他们选择了通过进入议会，改变法令的方式，所以他们普遍支持通过采用宣传和平的请愿方式。例如，《诺丁汉评论》呼吁刊物的读者"从昏昏欲睡中醒来"，并告知那些在城镇中进行交易的民

---

① Donald Read, *Press and People, 1790—1850: opinion in Three English Cities*, AJdershot, 1993, p.112.

众，指出这一政策的实施会对人民大众造成致命的打击，该刊物号召大家进行请愿，在这一号召之下确实有180000人签署了敌视《谷物法》的诺丁汉请愿书。[1] 还有曼彻斯特的《曼彻斯特时报》也批评自私的贵族政府给国家带来的痛苦，指出，当法律的实施导致食品价格飙升，通过排除本国劳动产品于国际市场之外来削弱其竞争力进而压低工人工资，并在几乎所有生活必需品上征税以剥夺民众辛苦积攒的储蓄时，这种在民众急需之时剥夺他们劳动成果中本应丰富而宝贵的部分的行为，不仅是经济上的不公，更是对人性的漠视与不人道。[2]

与此同时，战后初期，随着激进运动的重新崛起，他们亦开始组织运动并发起宣传攻势来推动改革。而在具体的宣传中，由于没有自己的组织和行动纲领，由此，数量庞大的工人阶级群体便成为了运动的强大群众基础。他们组织集会演说和请愿活动，制造宣传攻势，推动了议会改革的发展。像演说家亨利·亨特在1816年到1817年多次组织群众会议，提出了包容性和民主的激进倡议，并组织请愿。在此期间，1817年，请愿书被拒绝后，英国再次面临起义的谣言，甚至发生了彼得里奇暴动。在这样的背景下，亨利·亨特1819年再次组织了

---

[1] Hannah Barker, *Newspapers, politics and English society, 1695—1855*, p.199.

[2] Donald Read, *Press and People, 1790—1850: opinion in Three English Cities*, p.157.

群众大会，并计划于曼彻斯特圣彼得堡球场进行群众游行示威活动。

对于此次集会活动，保守政府和保守人士提出了反对，一些政府官员乃至《曼彻斯特公报》都提出谴责，但是仍没有阻止《曼彻斯特观察者》等一些报刊发布关于曼彻斯特集会的大众邀请，更没有阻止圣彼得堡广场举行的议会改革请愿活动。1819 年 8 月 16 日，约 6 万民众手持旗帜排队进入广场，参加在曼彻斯特圣彼得堡广场的演讲活动。演讲中亨特强调通过民主宪政消除经济弊端。反对苛税、腐败和谷物法。面对群众的公开集会活动，政府决定采取暴力镇压，在政府企图逮捕亨特及其同伴之前，曼彻斯特地方法官命令部队驱散人群，派出军队及地方工厂主子弟组成的骑兵发起冲击，造成 11 位听众当场死亡并有 400 多人受伤，这就是著名的"彼得卢惨案"。

彼得卢惨案的发生引发了长时间的社会关注，为报刊攻击政府提供了焦点。事件的发生立即引起了中产阶级和工人阶级的愤怒，他们纷纷在报刊上对相关内容进行报道，将这一事件称为"彼得卢大屠杀"，进行大力宣传。很多记者，像《泰晤士报》的约翰·泰斯（John Tyas），《利物浦水星报》的约翰·史密斯（John Smith）和《利兹水星报》的爱德华·贝恩斯等都对这一事件进行了大力批判。尤其是约翰·泰勒斯，对事件进行了详细报道："骑兵喊着话冲向他们旗帜，不分青红皂白的乱砍着，冲向人群，致使民众四散奔逃，直到这个时候，才有民众开始向骑兵投掷砖块。慢慢地，曼彻斯特的义勇骑兵完全失去了控制，其中有一名叫萨克斯顿的人，是《曼彻斯特观察家报》的编辑，两个骑兵发现了他，其中有一个骑兵说，是那个恶棍，你要刺穿他吗，另一名回答，不，我把它留给你了。这名骑兵立即冲向萨克斯顿，但幸运的是，他只是划伤了他的上衣和背心。但不远处的一名男子就没有那么幸运了，他的鼻子被砍了下来。当时，我们看到了不远处的一名警察，感觉唯一的机会就是寻求他的保护，但当我们呼吁帮助时候，他立即将我们拘留了，当我们报告情况的时候，他回答，我们就是其中的作家，必须去见法官"。① 其后，《泰晤士报》又直接发表了影响力更大的内容，指责当局发生了"令人遗憾的交易"，并宣称民众无罪，指出，无论可能是与该集会有关的初步或相关的情况，无论对于推动和主导它的人的荣誉有什么意义……在这一时刻不合时宜的，半雇佣和半饥饿状态的五万民众聚集在一个地方，在那里被他们自己力量的惊人观念所淹没，并被他们不满的现状所激怒……所有这些考虑，这样的怀疑，在可怕的事实之前终将一无所获，在那些宣誓保护和保证最小气的英国人的治安法官面前，国王的近一百个手无寸铁的民众被一群骑兵在一个

① Jeremy Black, *The English Press 1621—1861*, p.167.

城镇的街道上摧毁,其中大多数是居民。①

而作为工人阶级改革运动主要阵地的激进报刊《黑矮星》,在之前就一直强调有组织的活动,提倡群众集会和请愿,大力报道工人活动,推动工人运动的发展。对于彼得卢事件的发生,《黑矮星》甚至将彼得卢的死亡事件为标题宣传了三周。② 在彼得卢事件之后,伦敦出现了一些新的风格更为激进的报刊,例如,《美杜莎》《民主记录仪》(*Democratic Recorder*)和《自由帽》等。然而这些刊物存在时间较短,政府没过多长时间就开始采取了针对措施。

针对激进报刊的宣传,有曼彻斯特地方法官向内政部提出申诉,力图能够从国内其他地方的报刊那里寻求一些忠诚的报刊舆论的声援。当然,在当时国内舆论并非普遍的批判,这样的内容也确实存在,例如,在肯特郡,一些保守报刊便对彼得卢的死亡表示遗憾,但将责任归咎于"当天祸害的可恶煽动者"。③《圣詹姆斯纪事报》(*St. James's Chronicle*)的主编则认为,《泰晤士报》的记者是在愤怒的情绪下写作的,应该被编辑纠正才行,并指出,应该制止这种无知和煽动者的集会,

① Jeremy Black, *The English Press 1621—1861*, p.167.

② John Stevenson, *Popular Disturbances in England, 1700—1832*, London, 1992, pp.240—290.

③ Hannah Barker, *Newspapers, politics and English society, 1695—1855*, p.201.

因为这种集会只会产生邪恶，任何形式的政府都不会允许。①
政府也通过赞助报刊，来回应这些批判，出现了像《反科贝
特报》《每周爱国纪事》《吉本斯·梅尔的白矮星》(*Gibbons
Merle's White Dwarf*) 等保守报刊对激进报刊进行回应。

　　尽管出现了上述一些亲政府报刊的宣传，但是大多数报
刊都持大力批评政府态度，面对如此的舆论局面，政府最终
采取了限制措施。于 12 月颁布实施"六项法案"的压制性立
法，包括《亵渎和煽动诽谤法》和《出版法》，确保可以对小
册子进行没收，法案扩大了印花税的范围，将所有廉价的期刊
出版物都视为报纸，因此必须承担印花税，禁止及处罚亵神文
和诽谤文，对一切售价在 6 便士以下的报刊或小册子均课以 4
便士每份的税。② 这项措施通过起诉一些报刊及报人，对他们
进行监禁并罚款。像《诺丁汉评论》的查尔斯·萨顿，他曾于
1816 年被判处一年监禁，并被处以 500 英镑的保证书，以保
证以后的良好行为；1817 年，霍恩因攻击基督教教义而受到的
三项指控被宣告无罪；1823 年，《星期日泰晤士报》的老板因
为声称乔治四世精神失常而被罚款 200 英镑，监禁 3 个月，并
必须提供 2000 英镑的保释金以保证表现良好。③

---

① D. Griffiths, *Fleet street: Five Hundred Years of the Press*, p.69.

② Jeremy Black, *The English Press 1621—1861*, p.168. 具体也可参见上文关
于六项法案的介绍。

③ Jeremy Black, *The English Press 1621—1861*, p.168.

彼得卢事件以及政府六项法案的颁行引起了不满，2月西斯尔伍德（Arthur Thistlewood）等密谋暗杀内阁成员并组成政府，然而谋划暴露，他们在卡图街被逮捕，成员被处以绞刑或者流放，这便是著名的"卡图街阴谋"。[1] 尽管刺杀事件最终失败了，但一定程度上刺激了后续的议会改革运动。

三、报刊舆论与议会改革的第二阶段

彼得卢事件的镇压以及卡图街阴谋的最终失败，基本上标志着战后第一阶段激进议会改革运动的结束。在19世纪前20年，改革运动一直在暴力和和平之间徘徊，而变革也一直没有能够实现，是通过和平还是暴力手段来实现议会改革的问题依然没有解决。然而，19世纪20年代发生的一系列政治事件最终为议会的和平改革提供了契机。

在这些事件中，最先发生的是"卡洛琳王后事件"。关于乔治四世与卡洛琳的婚姻问题，由来已久。早在还是王储的时候，乔治四世就拒绝迎娶卡洛琳，不仅如此，作为王储，他常年挥霍无度，私生活混乱。后来因为债务问题，乔治四世答应与卡洛琳结婚，但一直存在矛盾。1820年4月3日，保守党

---

[1] 在彼得卢事件之后，伦敦的一个小型革命团体为报复政府，策划暗杀内阁成员的事件，最后暴露失败。

《晨邮报》就曾对这一问题表达担忧，当时报道指出，卡洛琳宣布返回英国并在白金汉宫定居，并且补充道，这是我们最不愿讨论的话题。①《晨邮报》亦在 5 月 25 日对这一事件的发展做出了评判，指出，关于这个不幸的话题，从某些方面来看，无论我们多么不情愿，可能后面都会对此有很多话要说。②

　　正如《晨邮报》所报道，随着乔治四世的登基，事情开始扩大化。1820 年 6 月，乔治四世登基，拒绝卡洛琳成为王后。其后，因感觉卡洛琳与伍德公爵可能有染，便试图与卡洛琳离婚，宣布与妻子卡洛琳的婚姻无效，并要求议院制定《离婚法》。国王的离婚事件恰逢关于议会改革的讨论未能取得任何实质性进展的时期，其不当行为给了不满的大众舆论一个新的攻击目标。离婚事件的发生，加上当时乔治四世在公众心目中与镇压和挥霍的强烈联系，使得卡洛琳王后最终成为了被同情者，国王乔治四世立马成为了众矢之的，受到了大众舆论的攻击。《谢菲尔德水星报》(Sheffield Mercury) 的编辑便指出，这一事件成为民众抱怨的理由，提供了"一个很好的办法，以便发泄他们反对政府的脾气"。③ 在这样的背景下，有利于王后

<hr />

①② G.A. Cranfield, *The Press and Society: From Caxton to Northcliffe*, London, 1978, p.113.

③ Hannah Barker, *Newspapers, politics and English society, 1695—1855*, pp.201—202.

的声明和决议从全国各地涌现。支持卡洛琳成为了一项受欢迎的事业，同时也成为攻击国王放荡行为的有用手段，整个辩论将焦点和兴趣逐步从性主题转移到了政治争议上，几乎所有的报刊开始关注这一问题，由此卡洛琳事件也成为了改革舆论的一部分。同时，事件的发生也促进了民众对于报刊内容的关注，导致了销售额的激增，促进了报刊的盈利。正如黑兹利特所指出的那样，卡洛琳事件让人兴奋不已。它扎根于国家的心脏，并占领了王国里的每个房子或小屋。①

这一极具戏剧性潜力事件的发生自然给了报刊批判的内容和借口，几乎所有报刊都将卡洛琳王后描绘成一个受委屈的女人、一个受害者和纯洁的象征，由于不道德和腐败的丈夫而需要被救助和保护。对于王后的支持以《泰晤士报》为主导，其描述卡洛琳说"她只是一个可怜的女性，除了勇气之外，没有什么能够支撑她度过这些可憎的指控。"② 众多人士在借助报刊这一工具，通过对于此事的批判，来攻击国王和政府以推动议会改革。漫画刊物如《公众舆论》(Public Opinion) 宣称王后在正义范围内要胜过国王，而约翰·布尔则直接表示欢迎并指出，"我们会看到公平竞争"，《黑矮星》亦宣称，王后认

---

① Hannah Barker, *Newspapers, politics and English society, 1695—1855*, p.202.

② G.A. Cranfield, *The Press and Society: From Caxton to Northcliffe*, London, 1978, p.115.

为，虽然她的安全取决于人民，但她的利益与民众的利益是一样的！她已经做了很多，她宣布了这些真理，并谴责迫害她的腐败派系，因为它迫害了整个国家。[①] 还有像《每周政治纪事手册》、《冠军》(*Champion*)、《政治家》(*Statesmen*) 和《考察者》等这样的激进报刊也纷纷加入讨论的队伍中，直接将对卡洛琳事件的攻击作为了英国争取自由的象征。这些刊物很快树立起了卡洛琳的形象，将其视为数百万人遭受不公正的典型代表。[②]

与上述支持王后而获得繁荣相对比而言。也有一些保守刊物支持国王，攻击卡洛琳王后。保守报刊《英国监督者》(*British Monitor*) 倾向于和解，以避免将王室拖入泥潭。但随着王后的事业被辉格党和激进派所接受，卡洛琳成为"所有激进派的王后"而被支持。9月，该报编辑悲伤地宣布："这一报刊本是在一个虔诚的日子阅读的，遗憾的是，我必须在每个安息日用关于卡洛琳和她情人的肮脏的爱情故事来污染它的专栏。"[③] 保守刊物《晨邮报》则直接对卡洛琳王后提出了谴责，针对王后在伦敦金融街的游行，报道说，她在那里待了很长时

---

① E.A. Smith, *A Queen on Trial: The Affair of Queen Caroline,* Sutton Pub Ltd., 1993, pp.33—130.

② G.A. Cranfield, *The Press and Society: From Caxton to Northcliffe*, p.113.

③ G.A. Cranfield, *The Press and Society: From Caxton to Northcliffe*, p.116.

间，在一群烟囱清洁工和其他肮脏的家伙的喧闹欢呼声中，在最可怕、最可恶的咆哮声中她走过了街道。①《晨邮报》还指出，乌合之众的声音不是人民的声音。②这些报刊不仅因为支持的态度而造成发行量大大降低，甚至《晨邮报》的办公室还因此遭到了袭击。③

　　报刊对卡洛琳王后通奸审判的广泛报道引起了社会大众的广泛批判。而关于这一事件持续的报刊舆论，给当时的政府造成了很大压力。9月，哈特塞尔（J. Hatsell）写信给科尔切斯特勋爵（Lord Colchester）指出："几个月以来，英格兰人一直在思考、谈论和想象的，除了王后之外没有其他主题。上议院通过允许速记作家每天早上发布的新闻时政，不仅提供了足以占据整个阅读世界和休闲场所，而且使得大众从早餐到晚餐一天的时间都谈论的话题，也向世界展示了这样一个挥之不去和可恶的场景，任何小说中都从未出现过类似的故事。事实也的确如此，不仅激进派报刊很快就树立了卡洛琳的形象，将其视为数百万人遭受的不公正的典型，辉格党报刊也将她视为所有反政府情绪的焦点。对于当时大量报刊的都聚焦于事件的报

---

① G.A. Cranfield, *The Press and Society: From Caxton to Northcliffe*, p.114.

② G.A. Cranfield, *The Press and Society: From Caxton to Northcliffe*, p.113.

③ Stephen Koss, *The Rise and Fall of the Political Press in Britain, vol. I: The Nineteenth Century*, London, 1981, p.40.

道。哈特赛尔曾指出，关于这一审判证词丑闻的报道使得西德茅斯勋爵和里尔福德勋爵不得不阻止他们的女儿阅读报刊。"①事件的热度直到卡洛琳于1821年1月接受50000英镑的养老金时才有所减弱。其后，1821年7月的加冕仪式上，乔治四世拒绝卡洛琳参加，卡洛琳也是在此时染病，不久去世，在卡洛琳的葬礼之后，这一事件才渐渐平息。

卡洛琳王后事件的发生，实际上为报刊和大众舆论批判国王和政府的腐败和错误行为提供了理由，而这一过程中很多改革派报刊加入批判大军中，从而在很大程度上推动了议会改革的进程。

继卡洛琳事件之后，主导英国政治是天主教解放的问题。自近代宗教改革以来，英国国教会建立，逐渐取得统治地位，而相应的天主教徒却失去了合法地位，长期以来受到诸多限制。宗教改革以来，宗教问题就一直是爱尔兰和英格兰统一融合的障碍。长期以来，英国一直采取严厉的政策，试图将宗教改革强加到爱尔兰以消除两国的差异，但是直到19世纪，这样的政策不仅没有解决问题，反而导致爱尔兰的反抗情绪不断滋长。1801年爱尔兰与英国合并，《英爱联合法案》通过，英国更名为大不列颠与爱尔兰联合王国。但在宗教问题上，爱尔

---

① E.A. Smith, *A Queen on Trial: The Affair of Queen Caroline*, p.108.

兰却未能像苏格兰一样获得独立。并入后的爱尔兰人口以天主教徒居多，根据英国法律，爱尔兰超过百万的天主教徒无法享有政治权利，不仅如此，其他方面也受到歧视。在这样的情况下，爱尔兰出现了一系列的政治危机，对于当时保守的托利党而言，赋予爱尔兰民众以平等的公民权等同于给予天主教徒以合法地位，这是违反长期以来英国的政治原则和宗教原则的，因此关于爱尔兰天主教徒的问题一直困扰着历届托利党政府。

1828 年天主教解放运动领袖丹尼尔·奥康奈在克莱郡农民的支持下击败竞争对手当选为议员，这违反了当时天主教徒不得当选议会的规定，按照法律要求，不能进入议会行使权力。这种情况激起爱尔兰人强烈的民族情绪。随着法律和秩序的崩溃以及暴力的广泛发生，爱尔兰迅速陷入无政府状态，内战一触即发。迫于形势，惠灵顿和皮尔被迫放弃早先反对解放的承诺，于 1829 年通过了一项允许天主教徒享有完全民权的法案。即 1829 年的《罗马天主教徒解放法案》(*Roman Catholic Relief Act*)，法案规定：原则上赋予天主教徒以公民权，废除针对天主教徒公民权所作的若干限制性规定。解放法案的通过标志着英国政府对爱尔兰天主教与民众联合的民族力量的正视与妥协。在此期间，天主教解放运动以及法案的通过引发了巨大的争议，报刊则为此提供了平台，在其中发挥了重要作用。① 一定程度上推动了议会改革的发展。

天主教徒解放法案的通过原本是想安抚爱尔兰的群众运动，始料未及的是法案的通过在英国引起了巨大的反响。首先，法案的通过导致很多民众尤其是国教民众的不满，众多的异议者和国教教徒提出了严重的警告，橙色旅馆（Orange lodges）和布朗斯维克俱乐部（Brunswick Clubs）在全国范围内提供了反对该措施的焦点，这些俱乐部以及拒绝解放的保守党作为一个重要的团体，得到了一种重要的伦敦报刊以及一些地方报刊的支持，他们积极通过媒体采取行动煽动民众对政府和天主教徒的敌意。例如，1827 年成立的《标准报》（Standard）便是旨在反对解放运动的报刊。同时，也得到了一些重要的伦敦和地方报纸的支持，像《标准报》《圣詹姆斯纪事报》，伦敦的《时代与晨报》（Age and Morning Journal）、《布莱顿公报》（Brighton Cazette），费利克斯·法利的《布里斯托尔杂志》（Bristol Journal）、《卡莱尔爱国者报》（Carlisle Patriot）、《康沃尔皇家公报》（The Royal Cornwall Gazette）、《利兹情报员》（Leeds Intelligencer）和《利物浦标准报》（Liverpool Standard）等。②

尽管天主教徒解放法引起了众多的反对，但是在这一运动

---

①② Jeremy Black, *The English Press 1621—1861*, p.170.

中，即使是反对天主教的一些报刊，也有的提出建议，表示不
要采取除了请愿运动以外的任何其他行动，像《利兹情报员》
（*Leeds Intelligencer*）和《约翰·布尔》等便如此建议。因此，
在天主教徒法案的斗争中，反对派组织以及他们的宣传并没有
引起太大的动乱，大多数时候仅限于报刊上的争论。

随着时间的推移，国内舆论在这一问题上却发生了越来越
大的分歧，这些在报刊舆论的讨论中也显现了出来。像在诺丁
汉，《诺丁汉杂志》（*Nottingham Journal*）的立场便被《诺丁汉
评论》所异议，而在曼彻斯特，像《曼彻斯特卫报》《泰晤士
报》《纪事晨报》则多持有支持态度。随着时间的推进，报刊
作为宣传的工具，不仅反应而且极大地推动了意见分歧。在
剑桥，《独立报》指出解放是公民的权利，然而《剑桥周报》
（*Cambridge Weekly Journal*）却不认同，直接将天主教与政治
暴政和精神黑暗相关联。[①]在肯特，《肯特先驱报》和《肯特
纪事报》（*Kentish Chronicle*）赞成解放，而《肯特公报》警告
其读者，"任何此类措施可能会让我们的孩子，而不是我们自
己，置于宗教专家教授的怜悯中，是无知的种植，并保持在血
液！"报纸反问，坎特伯雷的自由人应该袖手旁观吗？虽然采

---

① Michael Murphy, *Cambridge Newspapers and opinion 1780—1850*,
Cambridge, 1977, pp.64—71.

取的措施可能会让人回想起玛丽女王时代的场景？ 我们可以在我们城市的墙上站起来，看看我们的祖先被屠杀的地方。[1]

天主教徒解放法案引起的英国国内的分歧，本身是针对天主教徒解放的问题，然而意想不到的是，解放法案的实施及其引发的争论，对于英国的议会改革的进程产生了重要影响。天主教解放法案的通过令人愤怒，但一定程度上来讲，法案的通过对英格兰的影响最大的不是天主教徒，而是保守党的命运，而保守党命运的终结，才有了托利党上台后的议会改革。

随着法案的通过，民众开始组织声势浩大的请愿运动，然而，大众的压力并没有促使议会改变投票阻止通过法案。一些民众认为天主教解放法案能够通过，很大程度上是因为英国议会还是一个没有民主改革过的议会。还认为如果议会已经经过改革，成为了一个更加具有代表性、顺从民意、害怕选民的议会，天主教解放法是不太可能在议会中顺利通过的。因此，他们认为英国议会需要进行一次改革。然而，此时保守党首相惠灵顿在此期间极力反对议会改革，这是很多民众尤其是激进民众不能接受的，尤其是在伦敦和一些新兴工业城市，他们在议会中缺乏自己的代表，议会改革的问题在这些地方尤其敏感。

---

① Hannah Barker, *Newspapers, politics and English society, 1695—1855*, pp.204—205.

他们大力攻击惠灵顿及其保守政府。最终受该法案的影响，执政二十多年的托利党联盟解体，并为辉格党提供了一次实施具有一系列意义深远的改革的机会。总而言之，天主教解放法案引起了关于议会改革的争论，并且为辉格党的上台提供了机会，也为接下来的议会改革埋下了伏笔。

第三节　报刊对于议会改革的推动作用

自从 18 世纪末议会改革的倡议出现，随着时间的推移对议会改革的呼吁愈加普遍，报刊作为民众呼吁的发声平台在这一过程中一直发挥着重要作用。尤其战后时期，随着报刊的发展关于改革要求开始变得更加响亮，越来越多的中产阶级男性和女性加入了自由派抗议者的行列，要求扩大制造业和商业城镇的直接代表，激进政治家和工人阶级团体越来越多地联系着该国的经济弊病来诟病特许经营的狭隘性。尽管当时经济形势恶化并且不断发生骚乱，但如果不是因为这项措施背后公众舆论的推动，那么"改革法案"的通过可能就不会那么容易。通过前所未有的请愿程序，民众向议会提交了 3000 份改革请愿书，政治联合会的组织工作以及报刊新闻界的共同努力，使议员们明白了议会改革的必要性。关于报刊舆论对于议会改革的影响，罗素指出，"这种强大的议会外的声音来自制造业城镇，这些觉醒的大众很容易被流行的讨论、新闻界、大型公开会议以及煽动性的报刊所激起和兴奋"；1830 年，《谢菲尔德鸢尾花》亦宣称"这是一个舆论正在全面反对国家巨大商业利益的荒谬的时代，因为他们与某些制造业城镇是一致的，在有名无实的选区市镇成员的岌岌可危的支持下感到不安。①

正如一些议员和政治家所看到的那样，其实在战后，尤其是改革前夕，大部分国内报刊坚决支持改革。1830 年 12 月，《泰晤士报》积极宣扬群众的改革热情，宣称"我们相信，在联合王国，没有一个郡镇或村庄不存在要求改革的集会和请愿活动"，报刊甚至极力敦促人民，宣称"在全国组织政治社团是他们庄严的责任。"②1831 年 3 月，又宣布："我们现在已经到了这个国家长期以来面临的一个大危机的抉择时刻，改革或在几天或几小时内解散！改革或者立即重新出现那些在其选民面前反对民众的正义要求的人！但改革不被接纳是不可能的；如果被拒绝，很明显的是把威斯敏斯特以及英格兰人民聚集起来的那些人之间的所有联系都已经结束了！……所有的英格兰人都希望改革：他们反对谁?"③《贫民卫报》更是直接指出，"暴力革命不仅超越了那些要威胁它的人的手段，而且对他们

---

① Hannah Barker, *Newspapers, politics and English society, 1695—1855*, p.205.

② E.P. 汤普森：《英国工人阶级的形成》，第 954 页。

③ Hannah Barker, *Newspapers, politics and English society, 1695—1855*, p.206.

来说还是最使人惊慌的东西。因为他们知道，这样一种革命只能由穷人和受鄙视的大众来完成，只要把他们刺激到一定程度，他们就会在那些人的目标之外，利用革命来实现自己的目标。从而使他们可爱的财产权陷入危险之中，可以肯定地说，暴力革命是他们最恐惧的东西"。①

各地报刊尤其是一些著名报人也对该改革法案提供了巨大支持，《利兹水星报》《莱斯特纪事报》和《诺丁汉评论》等报刊多年来一直在为议会改革宣传。而当时的《曼彻斯特卫报》《曼彻斯特时报》和《利兹爱国者》等也迅速加入了议会改革宣传事业。不仅如此，很多地方报刊的业主、编辑乃至作者也积极参与改革政治宣传和活动，发挥重要的作用。如《利兹水星报》的爱德华·贝恩斯在1830年通过自己的报刊宣布亨利·布鲁格姆（Henry Brougham）成功成为了约克郡的候选人。②不仅如此，爱德华·贝恩斯和他的儿子都参与了改革运动，他们不仅在自己创办的报刊中支持改革，还在约克和利兹的众多改革会议上发言支持改革。③《曼彻斯特时报》的阿奇博尔德·普伦蒂斯（Archibald Prentice）在1832年高兴地宣

---

① E.P. 汤普森：《英国工人阶级的形成》，第954页。

② Jeremy Black, *The English Press 1621—1861*, p.173.

③ Donald Read, *Press and People, 1790—1850: opinion in Three English Citiese*, pp.120—121.

称，"当改革法案通过时，感谢人民和报刊，感谢上帝！胜利了。"① 还有像迪斯雷利和理查德·科布等也经常为报刊撰稿，督促地方为自治请愿。② 由此可见在当时的社会中大家已经认识到报刊是关心国家和地方事务的民众传达信息的有效途径。

在这样的舆论氛围中，可以发现，报刊作为信息传播和公共讨论的关键载体，在促进民主参与和政治透明度方面起到了无可替代的作用。通过报刊，民众能够获得对政治过程的深入了解，并在改革议题上发表见解，从而推动立法者采取行动。一些关于暴动的素材，如1830年的"土地摇摆运动"和1831年的"布里斯托尔运动"以及全国其他地方的一些改革，也成为了报刊大量报道的内容，从而为议会改革提供支持，对政府形成宣传压力。③ 如《陶顿信使报》便曾对伯克郡和康沃尔郡的地方会议上的请愿书，批判了反对改革的地方国会议员，并支持在陶顿选举改革派的国会议员。

不仅如此，报刊舆论使得很多政治家相信，如不进行改革会产生难以想象的后果。《贫民卫报》甚至发表了马塞隆上校的《人民防卫指示》摘录，在其中表达了民众应对改革失败的

---

① Donald Read, *Press and People, 1790—1850: opinion in Three English Cities*, p.154.

② Jeremy Black, *The English Press 1621—1861*, p.173.

③ Jeremy Black, *The English Press 1621—1861*, p.171.

防卫行动；1830年2月，《梅德斯通公报》的编辑声称，如果改革失败，英国会"为后果而颤抖"；《肯特先驱报》则断言："如果改革的祈祷现在被否定，那么国内骚动将迅速增长，这一需求谁敢拒绝呢？^① 总之，这些关于改革的报刊宣传对政府形成了巨大压力，也体现了报刊对于当时政治的影响。1831年1月4日和1月26日的《西方名人和家庭报纸：农业、商业和文学广告》(The Western Luminary and Family Newspaper: Agricultural, Commercial, and one of Literary Advertiser) 曾报道，有一个暴乱者因在暴动中纵火，而被判处死刑，而在坦述自己罪行的时候，他将自己的死亡归咎于科贝特，因为是科贝特煽动了自己和其他人的这些行为，并宣称，要不是科贝特，那一带不会有暴民也不会有火灾。不仅如此，该刊物还指出，科贝特并不是造成全国各地运动的唯一来源。全国的报刊新闻界的激进分子都从事着这一煽动性的事业，他们在报刊上鼓动一种不服从和不满的精神，而这种精神对现有的制度有着致命的威胁，这种威胁是各党派和政府都难以消除的，除非让科贝特、康奈尔以及卡莱尔等人闭嘴，否则英国很难享有和平。^②

　　而事实上，报刊的这些报道也确实起到了重要的作用。报

---

① Hannah Barker, *Newspapers, politics and English society, 1695—1855*, p.205.
② Jeremy Black, *The English Press 1621—1861*, p.172.

刊通过审视议会辩论和批判性报道，监督了政策执行和改革进展，从而确保了政治变革的连贯性与有效性。而且毫无疑问是报刊的这种宣传形成的压力确实使得很多政治家相信改革的紧迫性，格雷甚至指责报刊摧毁了所有对等级和国家政府机构的尊重，可见报刊对于让像格雷这样的政治家相信革命迫在眉睫至关重要，因此迫使他尽管处于议会的强力反对之下，仍然致力于改革。

综上所述，可见报刊舆论对于议会改革具有极大的推动。报刊不仅在传播改革理念方面发挥了至关重要的作用，而且在塑造公众舆论、提供论点证据以及评估改革效果方面也功不可没。改革期间，报刊展现出了其作为公共论坛的力量，揭露了诸多赋予议会改革以深远意义的政治、社会和经济问题。在这一过程中，报刊在影响社会认知、释放政治压力和促进立法改革方面，发挥了独特而重要的作用。

第五章

报刊与宪章运动

　　宪章运动是工人阶级发起的要求获得权力的议会改革运动。宪章派认为，民众被中产阶级改革者操纵，为议会改革提供了巨大的力量，促进了改革法案在1832年成功通过，而法案获得通过后，他们就被抛弃了。与此同时，中产阶级支持政府出台新的《济贫法》，抵制"十小时法案"，并抨击无印花报刊的新闻报道。宪章派认为，所有这些问题的原因都是政治的不平等造成的，如果他们不被排除在政治之外，政治上的平等会使他们获得经济上的平等。为此，他们要求直接代表并承诺保护和拯救他们免受贵族政府立法的影响。为了获得政治权利而更好的解决这类问题，1837年《宪章》制定，随即全国性的请愿运动开始展开。在运动过程中工人阶层利用报刊尤其工人阶级掌握的宪章派报刊进行了大量的宣传，可以说报刊既是宪章运动传达政治信息的平台，也是团结全国宪章运动团体的工具，对于宪章运动的发展起到了重要推动作用。

第一节　宪章运动的兴起与发展

1832 年议会改革以后，中等资产阶级进入议会成为了有权阶级，工人阶级仍然处于无权地位，激进派中的工人阶级和中等资产阶级彻底决裂。为改变无权的状态，工人阶级决定发动独立的改革运动，1836 年 6 月，以威廉·洛斯特为首的伦敦工匠成立了"伦敦工人协会"。最初，协会与中产阶级领导的伯明翰政治联盟合作迅速发起了新的改革运动。1837 年 2 月，伦敦工人协会提出了六条要求，包括普遍的男子选举权、无记名投票、年度议会、同等规模的选区、国会议员的支付薪酬并且写成了纲领性文件《人民宪章》。1838 年，伦敦工人协会公布了《人民宪章》，其后宪章成为全国请愿活动的共同纲领，宪章运动由此拉开序幕。

1838 年格拉斯哥大会后，全国各地出现了众多宪章组织。1839 年，宪章派第一次代表大会在伦敦开幕，大会试图呼吁大众采取请愿的方式迫使议会接受《人民宪章》，第一次请愿运动有 128 万人签字。但是政府对这一运动进行了强力镇压，很多全国性领袖被逮捕，第一次情愿运动以失败告终。第一次运动的失败促使工人阶级建立了统一的组织"全国宪章派协会"，在协会的支持下，1842 年他们发起了第二次请愿运动，这次运动人数更多，大约有 331 万人在请愿运动中签名，但是请愿运动再次失败。与此同时，受到北方工业区罢工的牵连，1843 年，许多宪章派领袖被捕，后由于奥康纳的土地计划[①]失败使得宪章派开始分裂。其后，在 1848 年召开的全国代表大会中宪章派决定再次发动请愿运动，在伦敦召开了 15 万人参与的群众大会，并且准备以声势浩大的游行活动来向政府施加压力，但当发现严阵以待的 8 万多军警的时候，运动群众按照政府要求取消了集会，第三次请愿运动最终以失败告终。[②]在经过三次请愿失败之后，宪章派出现新老纲领之争，加之政治局势不断缓和，民众不再过于关注政治问题，宪章运动就此沉寂。

---

① 土地计划是一个乌托邦性质的计划，主张集资购买土地帮助宪章派移居农村，建立不受剥削的小农社会。

② 关于宪章运动的具体情况参见 R.G. 甘米奇著、苏公隽译：《宪章运动史》，商务印书馆 2004 年版。

第二节　宪章运动前夜的工人阶级报刊宣教

　　宪章运动是全国性的工人运动，而宪章运动有四个来源，一是工人激进主义运动；二是以伦敦为中心的"反印花税运动"；三是工厂工人要求缩短工作时间的十小时工作日工厂立法改革运动；四是北部工业区的反对新《济贫法》的运动。[①]宪章运动是工人阶级运动，四个来源为宪章运动奠定了基础。激进运动早在18世纪末就开始出现发展，拿破仑战争之后激进运动重新崛起，推动了议会改革的发展，上文中已经进行探讨，不再赘述。而对于印花税的反抗、对于十小时工作日法案否决的工厂改革运动、对于工会的压制以及新《济贫法》颁布的运动，也是当时宪章运动前夜的重要工人运动，在后期宪章派组织直接的请愿运动之前，这些工人运动为宪章运动奠定基础的同时，工人阶级报刊的宣传，也为宪章运动中宪章派报刊的发展和宣传积攒了力量。

一、反对印花税运动中报刊宣教

　　多萝西·汤普森将"知识税"和《济贫法修正案》视为改革后引起民众不满，从而加入宪章运动的两个最为重要的方

---

　　① 钱乘旦等：《英国通史》第5卷，第139页。

面。① 因为宪章运动对自由贸易原则的支持涉及范围较广，其中包括针对报刊的"知识税"。由此而言，反对印花税运动也成为宪章运动的重要来源。

拿破仑战争之后，随着议会改革的发展，以及其后的反对工厂制度和新《济贫法》运动的讨论和呼吁声音变得越来越普遍，激进运动和激进报刊再次出现了一段时间的繁荣和发展。18 世纪末 19 世纪初，拿破仑战争的保守政治时期，很多无印花激进报刊迫于各种压力消失，为数不多的存活者也转入了地下活动甚至转变政治态度。拿破仑战争结束后，尤其到 19 世纪 30 年代，随着保守时期的结束，激进主义的复兴促使激进报刊再次回到了大众政治的最前沿，无印花报刊开始大量出现。

在反对印花税的斗争中出现了一些著名的报刊，早在拿破仑战争结束后，就有《黑矮星》和《政治纪事周刊》等著名无印花报刊。其后则出现了诸如《金字塔》《费加罗》《危机》《贫民卫报》《工人之友》《毁灭》和《手套》等报刊。这些刊物后来被一种新的无印花大版刊物所取代，例如《两便士快讯》（*Two penny Dispatch*）、《每周警察公报》和《人民之声与哀号》（*People's Hue and Cry*）等。其中最出名的是《贫民卫报》，

---

① 约翰·K.沃尔顿：《宪章运动》，第 65 页。

1831 年开始发行的《贫民卫报》作为工人阶级全国联合会的机关报，高举反印花税的旗帜，拒绝交印花税，以一便士的价格发行。[1] 不仅如此，《贫民卫报》每期在标题下都印有向统治阶级挑战的字样"为了反对对抗正义的特权，在违法的情况下发行"。

这些刊物的发展开始针对报刊的知识税提出挑战，掀起反对印花税的运动，在此基础之上，不断对社会进行批判，为工人阶级代言。尽管大量的无印花报刊在诸多问题上难以达成统一的意见，但作为工人阶级的报刊，他们在某些原则性问题上则有着普遍的认同。如工人的投票权，认为工人阶级是生产者，其他阶层是寄生阶级，政府是为了上层阶级的利益而组织起来的，以及在选举期间进行无记名投票的必要性等。1831年，《贫民卫报》曾刊文指出，我们代表了工人阶级即生产阶级，然而却是贫穷的阶级，构成了英国人口的大多数，成千上万的穷人选择我们作为他们权力和自由的保卫者。[2]1834 年，《贫民卫报》又宣称："既然当前所有的财富都是工业的产物，但是由于特权阶层本身不产生任何东西，很明显他们必须依靠其他人的工作。拥有财产的阶层通过立法为他们自己制造和维

---

① Joel H. Wiener, The war of the unstamped: the movement to repeal the British newspaper tax, 1830—1836, New York: Cornell University Press, 1969, p.19.

② *The Poor Man's Guardian*, 24 September, 1831.

护欺诈性机构，他们通过这种机构设法将生产者的财富转移给自己，这些都是社会中的无用阶层用来掠夺的借口"。① 在谈及工人大众对于知识学习的时候，激进作家布朗特雷·奥布赖恩甚至在《毁灭》中宣称："那些使工人阶级更加顺从和尽职尽责的成为更好的仆人和侍从的知识，只能使他们成为更加顺从的奴隶，而且更有利于所有描述的闲人的财富和满足。这样的知识是垃圾，对劳动人民提供任何服务的唯一知识，是使他们更加不满意当前的现状，并使他们成为不顺从的奴隶"。②

除了反对印花税，对社会提出批评之外，大多作为工人阶级的报刊，无印花报刊还通过传递当地信息、刊登会议内容来支持全国工会联盟等团体的事业，进一步推动了工人阶级激进政治运动。一些报刊还对工人阶级进行直接的帮助，如《贫民卫报》将销售中获得的利润用于工人事业，救济罢工的工会会员以及一些案件的受害者家属，还救济了工人领袖洛维特等。③ 赖特（D.G. Wright）便曾指出，无印花报刊，通过信息的传达保持了基本接触和参与共同运动的感觉，培养了在改革

---

① Patricia Hollis, *The Pauper Press: A Study in Working-Class Radicalism of the 1830s*, p.222.

② Stanley Harison, *Poor Men's Guardians: A Survey of the Struggles for a Democratic Newspaper Press 1763—1973*. London: Lawrence and Wishart, 1974, p.103.

③ 沈汉：《英国宪章运动史》，第 30 页。

危机期间出现的更为普遍的激进主义。①

　　反印花税运动还培养了大量工人活动家。在反印花税斗争中，从1830年到1836年约有800名因出版或者销售无印花报刊的出版商和卖家被判处监禁。②例如后来工人活动家哈尼，当时才16岁，因贩卖《贫民卫报》多次入狱，这一时期的斗争经历对哈尼以后的活动产生了重要影响，哈尼受到奥布莱恩阶级斗争思想的熏陶，后来称《贫民卫报》为"30年代激进主义的学校"。③亨利·赫瑟林顿作为技工出身，是一名排字工人，发行了《贫民卫报》，其后又发行了《两便士邮报》(Twopenny Post)和《伦敦邮报》(London Post)，作为反印花税请愿的领袖，在思想上信奉欧文主义。④约翰·沃森作为一家干货商店的学徒，很早的时候就开始阅读科贝特和卡莱尔发行的报刊，1821年因传播民主宣传品而被判3年监禁，1831创办出版社和书店发行各种激进主义书籍包括欧文的著作，⑤其后，又因推销《贫民卫报》，分别于1833年和1834年被监禁。⑥还有约翰·克利夫，曾在伦敦曾开设一家书店，发

----

① D.G. Wright, *Popular Radicalism. The Working Class Experience, 1780—1880*, London: Longman Group UK Limited, 1991 p.96.

② 凯文·威廉姆斯：《一天给我一桩谋杀案：英国大众传播史》，第64页。

③ *Northern Star*, 22 December, 1837.

④⑤ *The Poor Man's Guardian*, 8 February, 1834.

⑥ 沈汉：《英国宪章运动史》，第54页。

行《政治周刊》(*Weekly Police Gazette*), 将政治分析和犯罪以及宫廷报道相结合, 发行量一度达到 2 万册, 为后来宪章运动的宣传发挥了重要作用。①

从报刊的角度来讲, 反印花税斗争的一个重要的直接作用便是促进了工人阶级报刊的繁荣。大量无印花报刊的出现和发行, 催生了许多工人阶级民主派报刊, 1833 年仅伦敦一地便发行了 8 种重要的民主派报纸, 这些报刊对宪章运动产生了积极的影响。当然, 无印花报刊大部分是工人阶级报刊, 与工人阶级政治组织之间存在着密切的联系, 撰写、出版和发行无印花报刊本身就构成了一场庞大的工人阶级运动, 为后来的宪章运动运动提供力量。

与此同时, 除了支持废除印花税的无印花报刊外, 在报刊中依然存在不同的声音。诸如《贫民卫报》和《西部之声》等无印花报刊对于社会的批判, 引起了统治精英和保守派中产阶级的敌视。

对于政府而言, 因为印花税的无效, 他们转而通过罚款和拘押的方式来限制报刊的出售。针对这样的情况, 政府开始加强执法力度, 据统计, 从 1830 年到 1836 年, 仅在伦敦就有至

---

① 凯文・威廉姆斯:《一天给我一桩谋杀案: 英国大众传播史》, 第 57—58 页。

少 1130 件销售未缴纳印花税报刊的案件被起诉。^① 从 1831 年 7 月到 1834 年底，有超过 800 名贩卖《贫民卫报》的报贩被逮捕，其中赫瑟林顿亦被监禁达 6 个月之久。^② 负责打击拒缴印花税的官员曾直言，政府已经用尽了现在法律提供的所有手段，但仍无法有效地消灭拒缴印花税的报刊。^③ 到 1836 年政府迫于压力开始调整印花税的时候，无印花报刊的读者已经达到了两百万，无印花报刊的发行量甚至超过有印花报刊。^④

在这样的状况下，一些中产阶级也支持废除印花税，他们认为，廉价的新闻报道会指导和提升群众。詹姆斯·穆勒（James Mill）甚至指出，印花税的废除反过来会抵消媒体中更激进、更令人讨厌的内容的影响，认为专门针对违法者法律和道德制裁都没有充分控制它们，唯一有效的补救措施是取消加在他们这种可悲的权力上的税收。^⑤

当然，除了统治阶层不满于印花税的宣传外，有印花的报刊也对无印花报刊持有敌视态度，因为无印花报刊对他们的发行销售造成了冲击，它们对无印花刊物持有敌视态度，并且认为这些无印花报刊是在正在窃取读者和利润。所以这些刊物的

---

①③④ 詹姆斯·卡瑞、珍·辛顿：《英国新闻史》，第 8 页。

② 沈汉：《英国宪章运动史》，第 54 页。

⑤ Patricia Hollis, *The Pauper Press: A Study in Working-Class Radicalism of the 1830s*, p.14.

报人积极并强烈呼吁降低印花税，以便能够公平的参与市场竞争。最终在议会内外的压力之下，1836 年，政府将报刊的印花税减少到一便士。尽管这一措施的实施是出于政府对于报刊进行控制的目的，但是对于反印花税斗争来说却是阶段性的胜利，其后，直到 1855 年全部的知识税才最终废除，在这期间报刊一直在为完全废除报刊税而努力。

二、工厂立法运动中的报刊宣教

关于工厂立法改革，其实早在 18 世纪就开始了。工厂立法运动的主要原因是这一时期恶劣的工厂待遇以及长时间的工厂劳动，面对这样的状况，工人群体提出改善工作环境、减少工作时间的要求。19 世纪 30 年代，随着斗争的发展，广大无产阶级群众投入争取十小时工作日的斗争，从而掀起了一个工厂立法的高潮。如果说反对印花税运动，更像是报刊本身的斗争问题，那么十小时工作日改革的要求，则直接被带进了宪章运动，成为当时宪章派工人运动关于改革的直接要求。

这一时期工厂立法改革的主要领袖是理查德·奥斯特勒（Richard Oastler）、激进派工厂主菲尔顿、工会领袖杜赫蒂律师和美以派教士斯蒂芬等，但是参加的主要力量则是工人群众，工人群众的抗议反映了他们对于当时工人剥削制度的不满。一些工人领袖，像李奇、皮林、麦克法迪思、皮特基思利都积极参加工厂立法运动，他们后来也成为了宪章运动的主要地方领袖，也是他们将十小时工作日工厂立法改革带进了宪章运动。[①] 不仅如此，工厂改革运动将具有一系列利益的个人聚集在一起，包括保守党的家长主义者和工人阶级的激进分子，并在英格兰北部的纺织区开展了令人印象深刻的群众运动，为宪章运动在英格兰北部的发展提供了一定群众基础。

在工厂立法改革的运动中，报刊发挥了重要的舆论作用。从 1830 年开始一些倡导改革的政治家，诸如理查德·奥斯特勒、迈克尔·萨德勒等，积极倡导工厂立法改革。此背景下，报刊广泛宣传十小时工作日的必要性和紧迫性，让更多的人了解长时间工作对工人身心健康的危害。通过揭露和批评那些违反十小时工作日的雇主和企业，形成了强大的社会舆论压力，从而加快改革步伐。通过广泛宣传、揭露批评和提供交流平台等方式，为改革的成功实施奠定了坚实的基础。

1830 年 10 月，理查德·奥斯特勒在《利兹水星报》上发表了"约克郡的奴隶制"的公开信，揭露童工每天劳动 13 个小时的悲惨状况，震惊全国。[②] 奥斯特勒对工人的情况抱怨说："我们的成千上万的同伴作为受害者……在现在这个时刻

---

① 沈汉：《英国宪章运动史》，第 45 页。

② 沈汉：《英国宪章运动史》，第 44 页。

仍然处于奴隶制的状态，这种状态比那种地狱制度——殖民奴隶制（colonial slavery）更为可怕"；英格兰北部的《剑桥纪事报》将英国的工厂工作与西印度的奴隶制进行了比较，并谈到了"洛奇代尔的白奴"，以此来揭露英国现有的工厂制度的黑暗。①1832 年初，迈克尔·萨德勒向国会提交了一份十小时工作方案，其认为必须采用法律手段进行规定才能解决工厂中存在的这些严重问题，如果无所作为就是另外一种形式的变相保护。随着工厂立法运动的发展，在奥斯特勒的"约克郡的奴隶制"信件以及萨德勒的推动下，工厂立法运动逐渐开始获得越来越多的报刊的支持。如《泰晤士报》《标准报》和《先驱晨报》也发表了支持改革、报道会议和演讲以及要求议会采取行动的文章。此外，该运动产生了自己的组织刊物，像《西部之声》和《英国劳工的保护者》（British Labourer's Protector）以及《工厂童工的朋友》（Factory Child's Friend）等。

然而，也有许多其他报刊质疑甚至反对工厂改革。尽管萨德勒受到了托利党人阿希利的支持，但是却遭到了工厂主群体的强烈反对，奥斯特勒的信也在约克郡报纸上引起了激烈的争议。奥斯特勒在《利兹水星报》中对十小时工作日的工厂立法

---

① Hannah Barker, *Newspapers, politics and English society, 1695—1855*, pp.208—209.

改革做出宣传，然而报刊的实际控制者贝恩斯，却并不这样认为。贝恩斯并不反对所有的工厂制度，指出奥斯特勒揭露的工厂中虐待儿童的情况只是例外，而不是普遍现象，而且还指出，在英国没有一群孩子比工厂里的孩子吃得更好，穿得更好，住得更好，更健康。[①] 随后删除甚至拒绝刊登奥斯特勒写作的内容，并宣布自己支持减少一小时。而一些报刊则直接反对改革，尤其是北方制造业城市中倾向于工厂主的报刊。像著名的《曼彻斯特卫报》，宣称限制工作时长的立法，会导致工资的降低，而且引发的较高的产品价格则会导致国外市场的丧失，其后 1832 年，更是直接报道："屈服于毫无意义和恶作剧的民众抗议，减少到十个小时将是一种自杀的疯狂行为"。[②]

这些站在工厂主立场的言论，很快就受到了工厂立法改革支持者的抨击。由于贝恩斯反对十小时工厂立法改革，很快被视为工厂立法改革的敌人，科贝特批判贝恩斯，指出这位喜欢说谎言的伟大的胡吹家，总是想方设法至少让一个议员在下院做出比 50 个议员更多的有损公众自由的坏事来；这个自高自大的、贪婪的、没有原则的胡吹家过去 20 年来一直在欺骗约

---

① Donald Read, *Press and People, 1790—1850: opinion in Three English Cities*, p.123.

② Donald Read, *Press and People, 1790—1850: opinion in Three English Cities*, pp.144—145.

克郡人。①1832 年 4 月，200 名工厂工人在利兹进行游行，并在长竿上装上《水星》的副本，他们在报刊办公室门外将副本烧毁，当晚贝恩斯的肖像也被烧毁。②

这些报刊的宣传不断增强公众对改革的认识和支持，其后在公众舆论的压力以及议员托利党人阿希利的支持下，1833 年，议会通过了一项工厂法。规定 13 到 18 岁的少年工作每天不得超过 12 小时，9 到 13 岁的童工则不得超过 8 小时，保证青少年的受教育时间，并派视察员进行监督。③这标志着工厂改革取得了阶段性胜利。其后，随着反对《济贫法》运动的发展，许多工厂改革的积极人士则将注意力转向新《济贫法》。

从时间上来讲，尽管关于十小时工作日的改革运动早在宪章运动之前就已经开始了，19 世纪 30 年代早期，当时的舆论压力并没有使得关于工厂立法改革出现较大的进展，十小时工作日法案直到 1847 年才被议会通过。由此而言，十小时工作日改革贯穿整个宪章运动时期，其不仅是宪章运动的重要组成部分，而且对宪章运动起到了重要的影响。首先，工厂立法改

---

① E.P. 汤普森：《英国工人阶级的形成》，第 972 页。

② Donald Read, *Press and People, 1790—1850: opinion in Three English Cities*, p.124.

③ 沈汉：《英国宪章运动史》，第 44 页。

革直接回应了宪章运动中工人们的主要诉求之一，即改善工作条件和缩短工作时长。通过限制每天的工作时长在十小时以内，工人们的劳动强度和压力得到了缓解，生活质量也得到了提高。这直接体现了宪章运动的目标之一，即通过和平的方式改善工人的生活条件。其次，十小时工作日改革的成功进一步增强了宪章运动的影响力和号召力。这一改革证明了工人们通过团结和斗争能够取得实质性的成果，也鼓舞了更多的人加入到宪章运动中。这种示范效应促使更多的工人意识到自己的权利和力量，进一步推动了工人运动的发展。再次，十小时工作日改革也为后续的斗争奠定了基础，推动了后续改革措施，从而助力宪章运动。

三、反对新济贫法运动中的报刊宣教

英国的宪章运动开始于1832年议会改革时期，1834年《济贫法修正案》恰逢宪章运动蓬勃发展的时期，所以反对新济贫法的运动就融入到了宪章运动之中，工人阶级以及相关的报刊加之宪章运动的领导人物也都是反对新济贫法运动的主要推动力量，所以反对新济贫法运动在很大程度上成为了宪章运动的一部分。

关于英国反对新济贫法运动的缘起要追溯到18世纪末，18世纪末19世纪初，工业革命的发展使得而英国社会经济发生了巨大变化，机器生产逐步代替了手工劳动，英国大量劳动人口处于失业状态。与此同时，英国的圈地运动以及圈地立法的规模也逐步扩展，这也加剧了英国劳动人民的失业贫困状态。

针对这些贫民问题，1834年以前采用主要是以斯宾汉姆制度为代表的济贫措施，这些济贫制度虽然在短时间内缓解了英国社会贫困问题，但是随着英国人口的增长，贫困人口也不断增加，国内的指数不断增长，且地区间也不均衡。与此同时，这一制度使得英国的一些民众对于政府救济产生了依赖。于是众多的改革者希望修改现行济贫法，像李嘉图、马尔萨斯、西尼尔、欧文等政治社会家都对现行的济贫法提出批评，① 尤其是托马斯·马尔萨斯，1789年的《人口学原理》的理论对当时的济贫制度冲击很大。在这样的舆论背景之下，对于现行济贫法的修改已经是大势所趋。

1834年，调查贫民问题的王室委员会成员西尼尔和查德威克起草了一份报告，认为现存的济贫制度不合理，提出了修改意见，主要内容为，只在实行强迫劳动的济贫院中给成年贫民发放救济，而不采取户外济贫的方式，中央对地方济贫官员

---

① 参见丁建定：《英国新济贫法的出现及反新济贫法运动》，《东岳论丛》2011年第5期。

有权管理，济贫工作由政府领导。① 经过长时间的调查和商讨，1834 年，新济贫法经议会通过国王批准正式开始实施。但是事与愿违，政府为应对不断恶化的贫困率，引入了新济贫法。但是，它在社会较贫穷的部分中非常不受欢迎。由于新的法规改革后，不仅在济贫院内部食物供给很少，而且实行夫妻和子女的分居制度，这严重伤害了广大劳动人民的利益，引起了大众不满，尤其是在贫困工人和农民之中引起了强烈反对，英格兰南部的农业区和北部的工业区同时爆发了反对新济贫法的运动。新济贫法最早在英格兰南部农业区实施，很快就引起了这一地区的农民的抗议。1835 年，贝德福特郡首先爆发了抗议运动，民众以"面包或者流血"的口号进行抗争，部分贫困民众占领了济贫院，要求遵照旧法规进行救济。其后，索福克郡亦发生了此类抗议活动，随着法规的实施，北部工业区的工人阶层接过了这一运动的旗帜。工人阶层对于济贫法的抗议很快与此时期正在蓬勃发展的宪章运动相结合，使得反对新济贫法运动在某种程度上成为了工人阶级宪章运动的一部分，从而极大的推动了反对新济贫法运动的迅速发展。1838 年，反对新济贫法的运动在兰开夏郡和约克郡的制造区达到了顶峰。19世纪 30 年代，一位年轻的鞋匠塞缪尔·基德（Samuel Kydd）

---

① 沈汉：《英国宪章运动史》，第 45 页。

后来写道，"《济贫法修正案》的通过更多的是让劳动人口的心脏受到伤害，而不是由于土地的所有者实际贫困所造成的贫穷。"① 大量的贫民担心在新的工作场所被长时间监禁，或者是在"穷人的巴士底狱"中劳作。不仅是那些对该法案持敌对态度的穷人，中产阶级成员也基于基督教和人道主义的原因而反对新济贫法。

如此背景中，统治阶级的倒行逆施引起了工人阶级民主运动的高涨。在工人阶层掌握大量报刊的情况下，报刊在反对法案的这场运动中起到了重要作用，这些刊物对于新的济贫法提出了大量反对意见。1834 年到 1835 年间，全国每周大约有 15 万份的报纸在群众中发行。②

报刊不仅宣传反对新济贫法的论点和活动，而且纷纷引入了"囚犯工厂"的说法来攻击新济贫法，散布关于工厂中的囚犯受到虐待的恐怖故事。例如，《贫民卫报》在 1836 年报道指出，人们还以为中产阶级同劳动者有一些共通的感情。那种幻想现在已不存在了。爱尔兰高压法案通过后，那种幻想还存留着，随着济贫法的制定它才完全消失。在唯利是图的法律统治

---

① D. G. Wright, *Popular Radicalism. The Working Class Experience, 1780— 1880*, p.107.

② 沈汉:《英国宪章运动史》，第 46 页。

下，工人再也别指望会有正义、道德和宽恕了。① 托利党报刊《利兹情报员》则将新的济贫法视为"算计的令人厌恶和惊讶的立法中的怪胎"。②《北极星报》的费格斯·奥康纳就曾经传播过这样的故事，一个饥肠辘辘的工作室男孩啃咬自己手指关节的故事，事实证明并非如此。但是，这种故事以及像林肯农场的劳动者自杀，两个与母亲在汉普内特分离的残疾儿童以及在唐宁顿因饥饿而死的工人等故事，都被报纸广泛流传，造成了极大的影响力，不断促使公众舆论开始反对新济贫法。③

随着事件的推进，更多的托利党报刊也加入，包括《波顿纪事报》(Bolton Chronicle)、《谢菲尔德鸢尾》《曼彻斯特和索尔福德广告商》(Manchester and Salford Advertiser)、《北方解放者》。这些报刊发表了大量关于反对新济贫法的报告，以及谴责该措施的社论、文章和信件。尤其是《北极星报》的布朗特雷·奥布赖恩撰写了大量的战斗性文章。针对新济贫法，奥布赖恩用阶级斗争的观点指出工人阶级斗争的意义，谴责该法案旨在将全体劳动人口完全置于有产阶级的怜悯和控制

---

① *The Two Penny Trash*, 10 September 1836.E.P. 汤普森：《英国工人阶级的形成》，第 969 页。

② Donald Read, *Press and People, 1790—1850: opinion in Three English Cities*, p.187.

③ Hannah Barker, *Newspapers, politics and English society, 1695—1855*, p.210.

之下。① 奥康纳更是直接在活动中告诫工人群体，指出济贫的根本意图是将工资降到尽可能低的标准，资本家始终拒绝你们取得公正劳动的报酬。② 而且奥康纳还仔细地为工人计算了收入，指出，雇佣这 4000 工人的工厂主，以每小时 2 便士的工资报酬迫使工人每天工作两小时的剩余劳动，那么一年能从他们身上榨取 11000 镑。③ 还有伦敦《伦敦水星报》(*London Mercury*) 的约翰·贝尔愤怒地否认了 "在贵族和社会中层中存在懒惰的阶层"；更有影响力的是伯克希尔（Berkshire）议员和《泰晤士报》的所有者约翰·沃尔特（John Walter）在议会中反对这项法案，而《泰晤士报》的内容也多涉及这项法案，并成为该法案中 "最强大和最一贯的批评者" 之一。④

在大众舆论的一片批判中，也存在支持新济贫法的声音，如《曼彻斯特卫报》指出，在农业区新济贫法发挥了很好的作用，遏制了贫困的蔓延，降低了贫困率，同样在工业区也是有益的，在此基础之上，卫报甚至攻击宪章运动的观点，认为普选权就是一个愚蠢的理论。⑤ 小贝恩斯也在《利兹水星报》上

---

① 沈汉：《英国宪章运动史》，第 66 页。

②③ *Northern Star*, 16 December 1837.

④ Hannah Barker, *Newspapers, politics and English society, 1695—1855*, p.211.

⑤ Donald Read, *Press and People, 1790—1850: opinion in Three English Cities*, pp.145—146.

对新济贫法表示欢迎，称其为"提交给议会的最重要的措施之一"。[①] 但此类支持的声音并不多见。迫于公众舆论的压力，以及在法案落实过程中的问题，新的济贫法没有持续多长时间便崩溃了。但是反对新济贫法运动恰逢宪章运动兴起的时间，所以，这一运动在很大程度上支持了宪章运动的发展。随着该法案的崩溃以及宪章运动的发展，这些参与反对新济贫法的报刊逐步将视线转移到了宪章运动上，成为了支持宪章运动发展的重要力量。

第三节　第一次议会改革与宪章运动前的报刊舆论

《曼彻斯特卫报》在 1827 年的社论提到改革的必要性时指出，未经改革的选举权最大的错误不在于排除下层阶级，而在于排除中产阶级，土地贵族控制的政府损害了中产阶级的利益，而工人阶级掌权也会危及中产阶级的利益。[②] 所以按照此种方案进行的 1832 年的议会改革，满足了中产阶级的利益，最终导致了工人阶级和中产阶级的决裂，导致工人阶级最终走

[①] Donald Read, *Press and People, 1790—1850: opinion in Three English Cities*, p.126.

[②] Donald Read, *Press and People, 1790—1850: opinion in Three English Cities*, pp.140—141.

上独立的宪章请愿运动。其实，早在改革议案最终通过之前，一些激进民众和报刊就开始察觉到了议案的不公平性。改革之后，关于议案的不公平性以及工人阶级的要求被忽视，导致了工人阶级的极大不满，众多工人阶级激进报刊开始提出不满，号召工人群体争取自己的权利，推动了宪章运动的到来。

关于第一次议会改革的法案对于工人阶级的不公平性，其实早在法案通过之前就有很多的刊物开始提出异议。《贫民卫报》批评这项法案过于温和，根据《贫民卫报》对于工人阶级和中产阶级进行的分析，指出两个阶级之间的经济利益的冲突根深蒂固，工人和资本家之间的任何妥协都是不可能实现的。有匿名作者在《贫民卫报》中指出，"你们贫困的原因在于你们没能亲自坐在那应该属于你们的议会中，工人和榨取利润的人之间并没有共同的利益。这个事实正像太阳一样，永远照耀着我们：资本家取得资本愈大，劳动群众的贫困便愈甚"。①12 月又报道："进行报道的改革法案对于工人阶层一点好处都没有，除非你们承认中产阶级——那些老板们会比地位更加优越的贵族们更喜欢牺牲起自己去改善地位不如自己的人的处境吗，除非他们喜欢抬高别人拉低自己。朋友们千万不要这样想，你们习惯于做猛禽的活食，现在竟然还是这样，贵

---

① *The poor man's Guardian*, 26 November 1831.

族之鹰和神学之鹫一直在拿你们当点心，把你们当做腐蚀的烂肉，但他们还不屑于靠你们来养活自己。……现在，他们无力独自霸占自己的猎物了，于是就腾出位子来，让乌鸦也来啄你们……这些贪吃的乌鸦不是你们中产阶级又是谁？他们早就觊觎国家之鹰和教会之鹫的待遇已久了"。①

像《贫民卫报》一样对法案提出质疑的报刊很多。《剑桥纪事报》认为该法案太过匆忙而且过于激进，而《肯特公报》则指出，"这个伟大国家的居民正在迅速将自己分为两类——一类是秩序的朋友，保守的宪法，而另一类则是风险和危险变化的爱好者。"② 但在当时而言，这种态度的宣传有时并不受欢迎，例如，当1831年保守的《曼彻斯特信使》(*Manchester Courier*)攻击了改革前景时，报刊的销售额急剧减少。③

正如上述内容，一些民众尤其是大多数工人阶级激进分子，认为这不是一个令人信服或令人安慰的论据。尤其在人民宪章公布之后，接下来的二十年里，中产阶级和工人阶级改革者之间的关系越来越分裂。这样的政治状况下，报刊在当时是主要的信息传播和舆论引导平台，对宪章运动的发展和影响发

---

① *The poor man's Guardian*, 30 July 1831.

② Hannah Barker, *Newspapers, politics and English society, 1695—1855*, p.208.

③ Donald Read, *Press and People, 1790—1850: opinion in Three English Cities*, p.193.

挥了关键作用。在宪章运动期间，英国的报纸和杂志对这一事件进行了广泛报道和评论。通常与一个或另一个阵营结盟，这种报刊舆论的争论进一步强化了他们之间的分歧。这些报纸的反对声音在舆论中形成了对立，反映了当时社会的分歧和矛盾。总的来说，英国的报刊在宪章运动期间展现了多样化的立场，反映了当时社会各阶层对政治改革的看法和态度。报刊的报道和评论建构了公众对宪章运动的认识，对宪章运动的发展起到了重要的推动作用。

由此可见，从1832年的议会改革运动到宪章运动并不是重新经过酝酿形成的，宪章运动也并不是随着1836年"六点要求"的发布而开始的，而是随着议会改革法案的通过便已经开始了。在改革方案通过之时许多地方的工人阶级联盟并没有解散，他们随即开始反对改革法案，随着工人阶级与中产阶级的分裂，他们开始攻击中产阶级的选举权。与此同时，随着宪章运动的兴起，迅速出现了一批宪章派报刊，尤其工人阶级激进报刊，支持宪章运动，认为工人阶级应该享有更多的政治权利和社会权益，呼吁政府采取改革措施。这些报纸在舆论上支持运动的诉求，帮助塑造了公众对宪章运动的态度，同时也推动了政治改革的进程。

1832年法案通过后，《贫民卫报》更是指出，提出改革法案的人，不是想推翻，甚至也不是为了改造贵族制度，而是为了从中产阶级那儿获得一支准贵族增援军队以巩固自己的地位：辉格和托利之间的惟一差别是为了保护财产，辉格党愿意拿出一点虚幻的东西，而托利党人则什么也不给。因为他们知道，即使大众是傻瓜，他们也不会因得到那点虚幻的东西而罢手的，相反，他们还要继续争取现实的好处。[1]1833 年，《工人之友》就代表工人阶级对于背叛的中产阶级进行攻击，其宣称，中产阶级激进主义的堡垒已经遭到了猛烈的攻击，……中部地区勇敢的受到蒙蔽的人民尽管受到了商人君主政体的欺诈和镇压，但在当时依然成立了工人阶级同盟。[2]《毁灭》直接提出，要进行一场革命，这种革命在完成普选之后，不需要暴力便会达到目的，即现实的不平等源于少数人的法律，而多数人的法律则将消灭不平等。[3]《利兹时报》宣称，仅仅在几天前那些人还带领着大量工人去西区的威克菲尔德参加集会，当时就是现在企图镇压工会的人，为了进行政治改革还把工人组成庞大的队伍，他们确信如果不这样做，就不能从贵族方面获得政治改革。用这种方式来获得改革，看起来是加强腐败和压迫的最终手段。[4]《两便士废物报》在 1836 年写道，人们还以

---

[1] *The poor man's Guardian*, 25 October, 1832.

[2] *Friends of Workers and Political Magazine*, 5 January 1833.

[3] E.P. 汤普森：《英国工人阶级的形成》，第 970 页。

[4] *The Leeds Times*, 12, 17, 24 May 1834.

为中产阶级同劳动者有一些共通的感情。那种幻想现在已不存在了。爱尔兰高压法案通过后，那种幻想还存留着直到饥饿法的制定它才完全消失。在唯利是图的法律统治下，工人再也别指望会有正义、道德和宽恕了。①

这些报刊的报道有效的推动了工人阶级的发展，推动了工人阶级关于改革的认识。这些早期的努力，从致力于将工人群众组织起来，转变为一套明确的政治目标和对象，即提高工人群众在英国社会中的地位。1836 年，这些目标被总结成为《人民宪章》(*The People's Charter*) 提出的六点，包括呼吁普选权、一年一度组成议会、无记名投票和取消对议会成员的财产资格限制等，宪章运动由此开始。

第四节　宪章派报刊对于宪章运动的推动作用

《人民宪章》于 1837 年制定，随后宪章派开展了全国性的请愿活动。宪章派从全国各地，特别是工业社区中汲取力量。

在宪章运动初期，其宣传策略主要依靠公共集会、传单与基层政治组织的形式进行，但这一策略很快就被认为效率低

---

① *The Two Penny Trash*, 10 September, 1836.

下、影响有限。尽管全国宪章协会作为正式组织机构，为运动提供了统一领导，但由于组织没有共同的经济基础，且具有高度的地方主义，导致运动不是特别统一，缺乏内在连贯性和组织认同。故随着印刷和通讯技术的发展，为了增强统一性，增加影响力，报刊媒体开始成为宪章运动主要的宣传和组织工具，报刊在推动宪章运动成为全国性运动方面，发挥了核心作用，报刊也成为宪章派中最重要的统一元素。

正如宪章运动的领袖弗拉格斯·奥康纳指出的那样，正是宪章出版将劳苦阶层紧密的连接在了一起。[①] 特别是《北极星报》和《贫民卫报》等报刊成为宪章运动的言论阵地，通过报道运动动态、发表宪章领袖演说、刊载相关文学作品，极大地提升了宪章运动的社会影响力并加速了思想传播。通过这些措施，宪章运动成功争取到了中间阶级的一些支持，提高了议题的社会关注度，并在一定程度上影响了英国后续的选举改革进程。《两便士废物报》在阐述报刊对宪章运动的重要作用的时候，直接指出，"每一个阶级，拯救劳动者的激进派，在报纸出版中都有自己的代表……为什么只有工人阶级缺乏这种强有力的辅佐呢？新闻出版，日报也好，周报也好，都是资本家的

---

① 詹姆斯·卡瑞、珍·辛顿：《英国新闻史》，第13页，James Curran, Mass Communication as a Social Force in History, *Mass Communication and Society*, p.203.

财产。他们如同对待企业一样，奉行纯粹的商业原则，而且目的是让报纸服务于他们自己和金钱上的利益。这是一条盈利之路，不是仅仅维护他们的偏爱"。①利用战后激进人士的方法，奥康纳等人将报刊作为大众平台进行抗议，将不同的领域和群体聚集在了一起。

如此背景下，支持宪章运动的报纸和期刊在全英国创办，由全国宪章联盟（National Charter Association）负责策划以作为"强有力的辅佐"支持宪章运动。宪章运动中出现了超过50种宪章主义报刊，几乎每个宪章派团体或领导人都有自己的期刊或报纸。其后比较著名的宪章派报刊，像《贫民卫报》《北极星报》《宪章》和《民主党》，东北部的《北方解放者》，西部的《西方护卫者》。②还有像《真正的苏格兰人》（*True Scotsman*）、《苏格兰爱国者》（*Scottish Patriot*）、《威尔士号角》（*Trumpet of Wales*）、《南极星报》（*Southern Star*）和《梅瑟蒂自由新闻》（*Merthyr Free News*）等。

其中最早的支持宪章运动的工人阶级报刊是《贫民卫报》，其于1831年创办，为了保证工人群众能够阅读，售价只

① Stanley Harison, *Poor Men's Guardians: A Survey of the Struggles for a Democratic Newspaper Press 1763—1973*. London: Lawrence and Wishart, 1974, p.166.

② Hannah Barker, *Newspapers, politics and English society, 1695—1855*, p.215.

有一个便士，很多时候要亏本，因为当时的印花税就有 4 便士，所以因逃避印花税，创办人亨利赫瑟林顿曾先后于 1833 年和 1836 年入狱。作为宪章运动早期的报刊，《贫民卫报》的报道在宪章运动的早期发展中起到了重要的作用。以宪章命名报刊《宪章》，在 1839 年由威廉·洛维特创立，该报特别强调是由工人阶级创刊，高峰时期的发行量达到 5000 到 6000 份，其首席记者威廉卡彭特是基金的改革派记者，刊物的新闻理念不同于以"硬气"著称的《北极星报》。①

然而，在所有的宪章派报刊中，《北极星报》才是最重要的。唐纳德·里德（Donald Read）认为大部分工人阶级和保守主义报刊都没有中产阶级报刊那么成功，但是《北极星报》却是一个例外，取得了前所未有的成功。② 该报 1837 年在利兹创立，开始是作为工人阶级表达对新济贫法不满的平台，奥康纳收购后，很快成为了宪章派的喉舌。

《北极星报》作为宪章主义的报刊，与早期激进报刊也有所不同。早期的激进报刊在政治目的主导下，内容几乎全是政治宣传性的内容，而《北极星报》除了严格与宪章运动有关的

---

① 张莉、郭雨祺：《从〈北极星报〉到〈新莱茵报〉：早期工人阶级报刊新探》，《当代传播》，2019 年第 5 期。

② 具体可参见 Donald Read, *Press and People, 1790—1850: opinion in Three English Cities.*

材料外，还对更多的一般新闻做了很好的报道。奥康纳的报刊
在政治表达的方面也一直是持有多元化的态度，《北极星报》
允许表达宪章主义内部的不同观点，如曾报道了罗伯特·欧文
的旅行和欧文主义。① 从这一点上来讲，《北极星报》是一份
报纸，而不仅是一张工人阶级激进派和宪章派的宣传刊物。这
也使其比起其他报刊而言有着一定的优势，受众更为广泛，而
不仅仅是工人阶级激进群体。1837 年 12 月销售量达到了每期
1 万份，1938 年底成为了发行量最大的地方报刊，到 1839 年
7 月到达顶峰，每期销售 5 万份。② 尽管此刊物是有印花的报
刊并且相对昂贵，但是由于刊物本身读者群的广泛性，此刊物
在全国的流通是非常大的，以至于邮局不得不雇用推车或货车
进行运输，因为有限的运送工具和存储场所已经难以满足需
求。正如菲尔登指出的那样，在《北极星报》出版日，人们总
是在街上排队等候，那是一天中最重要的事。③ 本·布利尔利
（Ben Brierley）更是写道："《北极星报》是唯一一份似乎在任

① James Epstein, *Feargus O'Connor and the Northern Star*, p.86. https://www.cambridge.org/.../feargus_oconnor_and_the_northern_star.pdf.

② James Epstein, *Feargus O'Connor and the Northern Star*, p.69. https://www.cambridge.org/.../feargus_oconnor_and_the_northern_star.pdf.

③ 詹姆斯·卡瑞、珍·辛顿：《英国新闻史》，第 13 页。James Epstein, *Feargus O'Connor and the Northern Star*, p.72. https://www.cambridge.org/.../feargus_oconnor_and_the_northern_star.pdf.

何地方都有发行的报纸，它每周都被送过来。每个星期天早晨，这些订户都到我们家里来，听一听有什么重大的新闻。我的任务是大声朗读，好让所有人同时听到，如果我现在听到他们对所预示的事件所作的评论，那对我将大有教益"。①

《北极星报》存在时间较长，其将自己定位为宪章运动的斗士。在教育、动员和组织自己的读者方面，通过提供关于宪章运动的行动、理论和战略信息，发挥了重要作用。《北极星报》以其全面而明确的运动声音迅速建立权威，但是，《北极星报》却并不是简单的信息和宣传传单，报刊通过宣传地方倡议并赋予这些宣传以国家意义，来帮助和实现宪章运动的团结一致。这是一个供全国民众进行辩论和讨论的平台，而且将不同行业和英国不同地方的男男女女团结到一起。地方活动家通过报纸的专栏了解到更加广泛的阶级斗争中自己的任务，同时也提供了大量的有关国外工人运动斗争的资料。恩格斯指出，《北极星报》是"报道无产阶级所有运动的唯一刊物"。②

由此可见，《北极星报》给予了宪章运动一种全国范围内的认同，逐渐成为铸造和维护工人阶级团结和阶级意识的特殊

---

① James Epstein, *Feargus O'Connor and the Northern Star*, p.73. https://www.cambridge.org/.../feargus_oconnor_and_the_northern_star.pdf.

② James Epstein, *Feargus O'Connor and the Northern Star*, p.85. https://www.cambridge.org/.../feargus_oconnor_and_the_northern_star.pdf.

工具,体现了报刊在宪章运动中的重要作用。第一次宪章运动的集会中,一个演讲者说如果没有《北极星报》,我们的声音只能在荒野上飘荡而没有任何的响应。[1] 宪章派领袖《北极星报》创办者菲尔格·奥康纳指出,正是宪章出版才将劳苦阶级紧密联结在了一起。詹姆斯·爱泼斯坦(James Epstein)亦认为,《北极星报》是将不同的地方激进组织整合并转变为全国宪章运动的最重要机构。[2] 正如《北极星报》所宣称的那样,新闻报刊对其党(人民党)的巨大价值在于它是宣告所有人的统一意见的先锋,并且,在其旗帜下不用花费太多时间或金钱就可以集结力量。[3]

除报刊宣传外,宪章运动中激进报刊的发行本身也成为一种政治运动,因为很多报刊的代理人都是当地的宪章派人士。这些人不仅是宪章运动的组织者,而且其中很多也是反对印花税的重要人士。很多报刊本身就是由工人组织的领导人物创办,其任务就是服务于工人组织,像《人民之声》《解放者》《商业报》等激进报刊的所有者都是政治团体或者工会组织,很多受雇于激进报刊的通讯员也是全国工人阶级的联合会

---

① 詹姆斯·卡瑞、珍·辛顿:《英国新闻史》,第 13 页。

② James Epstein, *Feargus O'Connor and the Northern Star*, p.51. https://www.cambridge.org/.../feargus_oconnor_and_the_northern_star.pdf.

③ Hannah Barker, *Newspapers, politics and English society, 1695—1855*, p.215.

或者宪章运动的组织者。[1] 因此，19 世纪上半叶群众聚在一起阅读激进报刊可以说是一种社会运动，群众在聚会或者工作小组中，在小酒馆或者是家中与朋友一道的时候，都会大声地朗读报纸。这些报刊的写作方式也是为了适合大声朗读和集体阅读的互动，这也直接增进了这一时期报刊文化意义的重要性，而这种方式是现代报刊所无法比拟的。[2] 由此而言，像这些激进的宪章派报刊与作为一场政治运动的宪章运动的命运密切地联系在了一起，也体现了激进报刊对于宪章运动发展的影响。

随着宪章运动的发展，宪章运动内部也存在了一些分歧和争议，特别是在运动领导人之间。这些分歧和争议削弱了运动的统一性和组织性，使得运动的发展受到了阻碍。宪章运动的领导层很快分裂成对立的派系，其中一些提出和平的宪法进步，其他一些则主张使用武力。1842 年英国出现了严重经济萧条，宪章运动的政治激进主义得到了短暂的振兴，其后由曼彻斯特代表会议创建全国宪章协会所取代。1848 年，宪章派领导人尝试利用整个欧洲范围的 1848 年革命浪潮，来实现他

---

[1] 詹姆斯·卡瑞、珍·辛顿：《英国新闻史》，第 11 页。也可参见上文。

[2] 参见 James Curran, "Mass Communication as a Social Force in History", *Mass Communication and Society*, Open University Course Unit 2, Milton Keynes: Open University Press, 1977.

们的目标。尽管他们试图提出一个可接受的形象，但是由于先前的一些激进报刊和人士的过激立场和激烈言论，使得一部分中立的人士和持保守观点的人对宪章运动产生了质疑和反感。这导致了公众对运动的支持度下降，也减少了运动的影响力和动员力。

随着这些变化的出现，公众舆论对于宪章运动的活动也开始产生变化，甚至将宪章运动与爱尔兰的动乱联系起来。《泰晤士报》警告说，目前的运动是爱尔兰阴谋的衍生物，叛逆者希望像他们自己制造的那样使这个岛屿成为地狱。[①] 随后，国内各地的激进活动遭到了压制性的政府镇压，与此同时很多报刊也开始反对宪章运动。像《利兹水星报》《利兹情报员》《曼彻斯特卫报》等都开始攻击宪章运动的六点要求。其中，《利兹水星报》从开始就强烈反对宪章运动，将普选权描述为彻头彻尾的荒谬。并指出，教育、宗教、美德、工业、清醒、节俭是工人阶级获得政治影响和个人幸福的唯一方法，这六点比宪章运动的六点要求更为重要，只有达到这六点他们才能匹配的上选举的权利；而《利兹情报员》更是指出宪章运动六点要求将会产生民众暴政；《曼彻斯特卫报》更是直接指出普选权是

---

① John Belcham, *Popular Radicalism in Nineteenth-Century Britain*, London: Palgrave Macmillan, 1996, p.91.

一个愚蠢的理论，因为这意味着给予妇女投票权，显然是荒谬的，认为智力和财产是对选举权的检验，由此而言工人阶级并没有通过检验，废除财产资格限制，给予穷人进入下议院的机会，不符合而公众利益。①

　　这些反对的报刊对宪章运动的攻击，使得宪章运动的发展受到了阻碍。随着知识税的废除，大众报刊开始兴起，激进报刊开始逐步衰落，极大降低了宪章运动的宣传力度，这一定程度上成为宪章运动衰落的影响因素。

---

① Donald Read, *Press and People, 1790—1850: opinion in Three English Cities*, pp.130—190.

结 语

在谈及英国工业革命时期报刊与社会变革互动关系时，大家最常用到的一个词语就是"第四等级"。关于"第四等级"的报刊观念产生于18世纪末19世纪初，从18世纪末开始报刊经过工业革命时期的转变，到19世纪中期逐步发展成为了英国政治生活中不可或缺的角色。报刊成为了继君主、议会上院所代表的贵族阶层和议会下院所代表的新兴阶层三个等级之外的第四个等级，参与到英国政治生活中，并对英国社会产生了巨大影响。

关于第四等级的来源问题，大家普遍认为最早提出第四等级观念的是英国政治家埃德蒙·伯克，1774年，在英国国会的会议中，伯克在会上称记者为"第四等级"。其后，1828 年，历史学家麦考莱在《爱丁堡评论》(*The Edinburgh Review*) 上发表《论哈姆勒〈英格兰宪政史〉》一文中指出"国会中的记者席已成为这个国家的第四等级"。[①] 19 世纪著名的文学家、历史学家托马斯·卡莱尔早在 1837 年写的《法国革命史》一书中就明确使用"第四等级"来指代在法国大革命期间各种小册子和报刊，称"在法国大革命中，第四等级成长起来，他们就是那些才华卓著的报刊和小册子的编辑们"。[②]1841 年，卡莱尔出版《论英雄与英雄崇拜》一书，在书中卡莱尔将"第四等级"的称谓归于政治哲学家埃德蒙·伯克，书中他引用了 1774 年伯克对议会中记者席作为"第四等级"的描述：伯克说，议会中有三个等级，但在那边"新闻记者席"上坐着的"第四等级"，比那前三个等级都重要。[③] 此时的"第四等级"又扩大了含义，认为印刷和写作可以向整个国家和人民传达政府的声音，权力机构的行动和声音通过报刊可以明白的展现在公众面前，从而确保了民主。报刊的这种力量成为政治架构中的机制性力量，甚至算得上一种独

---

① 参见王超：《论早期英国"第四等级"报刊观念——以〈泰晤士报〉独立精神形成为例》，《今传媒》，2015 年第 12 期。

② 张好玟：《谁提出第四等级的报刊观念？——从埃德蒙·伯克到托马斯·卡莱尔》，《国际新闻界》，2010 年第 5 期。

③ Calyle Thomas, *On Heroes and Workship and the Heroic in History*, Chapman and Hall, 1841, p.141.

立的政府机构。①《泰晤士报》的领导人亨利·里夫在 1855 年 10 月的《爱丁堡评论》上撰文指出，今天新闻界已经真正成为了一个国民等级，甚至比其他任何地方的等级都更为强大。在这种观点中，报刊在当时英国政治生活中作为一个非官方但是中心的角色，十分有助于公众对于社会政治问题的了解，发表公共意见，形成公众舆论从而对政府形成一种舆论监督和制衡。其实，对于第四等级的报刊观念的出现和认同，实际上是报刊发行以及报道政治新闻等相关内容的合法化以及影响力增大的一种表现。

在成为"第四等级"之前，英国的报刊自从诞生便一直受到官方的限制，报刊与官方的关系，体现为官方的各种限制以及报刊的反抗过程。1695 年之前，针对散播威胁政府言论的小册子，政府颁布了出版法案，建立"星法庭"严厉压制出版物。1695 年"出版法案"废除之后，经过了短暂发展，面对报刊的大量出现，政府又实行了"印花税法案"对发行的报刊征收重税，其后在报刊的发展过程中不断提高印花税，使得报刊的创办和运行举步维艰。与此同时，煽动诽谤法也严重威胁了报刊和报人人身安全，众多刊物因此遭到查禁，大批报人也

---

① 王超：《论早期英国"第四等级"报刊观念——以〈泰晤士报〉独立精神形成为例》，《今传媒》，2015 年第 12 期。

因此入狱甚至被施以极刑，为避免煽动诽谤法的迫害很多报人逃亡国外。另外，18世纪，政府开始了新形式的报刊控制制度，报刊"津贴"在报刊发行困难、经济状况不佳的情况下，使得大批报刊成为了亲政府的附庸。通过这些方式，政府严厉控制报刊的发行，禁止报刊对政治新闻进行报道，对于违反者给予严厉的惩罚。

尽管如此，对于官方的限制，报刊争取自由报道的斗争从来就没有停止过。他们最为重要的斗争目标是就是冲破禁止报道和评论国内政治新闻的禁区，特别是报道议会的自由。然而，随着斯图亚特王朝的复辟，一切有关于议会报道的内容都被判定为违法。1703年，阿贝尔·博伊尔（Abel Boyel）创办的《大英帝国政治形式》（*The Political State of Great Britain*）首开对于议会的报道，然而这一刊物的报道策略十分保守，只是在议会结束的时候提供一些辩论细节。其后，爱德华·凯夫出版的著名刊物《绅士杂志》则走的更远，凯夫雇佣记者买通了议会门卫，记录下议会主要消息。凯夫的报道也是较为谨慎，在议会期间刊物只报道摘要性内容，会议结束后才对会议内容进行全面报道，《绅士杂志》因打破了议会报道的禁区而受到了关注，发行量很快破万。其后，约翰·伍福德（John Wilford）创办了《伦敦杂志》同样对议会内容进行报道，这份杂志以一个虚拟的俱乐部的形式将议会内容作为俱乐部的辩论进行报道，两份杂志虽然都议会内容进行了报道，但实质上没有构成什么威胁，只是在禁令下打擦边球，然而议会不久后也对两份杂志提出了警告。

18世纪末19世纪初，关于报刊自由的争取在工业革命的推动下不断深化，发生了威尔克斯事件。1762年，议员威尔克斯创办《北不列颠人报》，批评国王乔治三世的演讲，甚至称专职负责贿赂的官员是"最卑贱以及最肮脏的人物"。司法大臣认定其犯了煽动诽谤罪，宣布其"无耻的诽谤作为一种最恶劣的不端行为将受到惩罚"，随后威尔克斯被投入伦敦塔，但在法庭上，法官根据议员不受逮捕的规定将其赦免。[①] 随后威尔克斯在《北不列颠人报》等刊物上发表的宣传文章吸引了大多数公众，由此激起了民众自发抗议运动，民众的行动开始影响英国的议会政治，"威尔克斯与自由"成了当时最流行的口号。[②] 众多刊物掀起了一场颇具声势的声援运动，他们纷纷评论并批评王室行为和议会决定，谴责政府破坏宪法的做法，支持威尔克斯。威尔克斯事件的发生扩大了新闻舆论的传播范围，对18世纪报刊自由发展起了重要

---

① Arthur H.Cash, *John Wilkes: the scandalous Father of Civil Liberty*, New Haven; London: Yale University Press, 2006, pp.79—151.

② 钱乘旦：《在传统与变革之间——英国文化模式溯源》，浙江人民出版社1996年版，第232页。

推动作用。

　　在这一时期除了对于议会报道的禁区以外，对于国王的评论也是禁止的，凡是批评国王和议会的均会被处以煽动诽谤罪。紧随威尔克斯事件之后的是"朱尼斯来信"，1769 年，《公共广告人》开始连载笔名为"朱尼斯"的来信批评国王。这些信件讽刺国王、抨击议会，言辞十分犀利，例如其中一封信对国王宣称："除非你愿意倾听人民的抱怨，否则你将永远不能了解真实的言论。这是你一生的不幸也是政府中所有责难和窘迫的来源，现在纠正你的错误还为时不晚"。[①] 这些言论引起了国王和议会不满，所有与这一事件有关的报刊和作者都被起诉为煽动诽谤罪，其中像《公共广告人》的业主亨利·伍福德、《伦敦晚邮报》的约翰·米勒、《圣詹姆斯纪事报》的亨利·鲍尔温德等。然而在审判过程中，陪审团判定这些刊物和报人无罪，这一事件确立了陪审团判定"煽动诽谤罪"的权利，是英国报刊史上的一大进步，为报刊政治报道提供了进一步发展的空间。

　　工业革命的到来，极大推动英国社会变革的速率。工业革命前期报刊出版业的处境依然像 18 世纪那样，在沉重的印花税之下举步维艰。政府对新闻出版业采用胡萝卜加大棒的政

----

① *Letters of Junius*（vol.1），London: North Middlebury Mass, 1848, p.199.

策，一方面利用煽动诽谤罪进行限制，另一方面，利用独家新闻的提供以及在报刊刊登广告的惠顾来引诱。但随着工业革命的推进，报刊出版业开始取得巨大发展，出现转型。首先，科技革新为报刊印刷和发行提供了技术支撑，而人口的增长以及民众知识水平的提升产生了广阔的市场。在这样的状况下，报刊无论是在组织机构和形式内容，还是在经营理念和影响力上都发生了巨大变化。与此同时，从事报刊产业的报人群体也逐步呈现出职业化趋势，赢得了社会尊重。总之，在工业革命的推动下报刊出版逐步向现代化方向发展。

随着报刊的发展，到工业革命中后期，此时的报刊已经与18世纪的报刊不同了。尤其到19世纪中期，随着大众报刊的出现，报刊已经不再只是针对社会精英群体，而是成为大多数民众阅读的刊物和主要的社会信息来源。此时期的报刊无论是在发行量和数量上都要远远超过18世纪的报刊。最为重要的是此时期的报刊的不再是官方宣传的工具，而成为大众辩论的平台，为大众监督甚至参与政治提供了重要的途径。报刊的对于社会问题的批判和新的自信和探索性的特点也与18世纪的报刊不同。而报刊的影响力亦越来越大，报刊对于政治的报道也逐步的合法化。对于报刊在此时期社会变革中的重要作用，《广告人晨报》前编辑詹姆斯·格兰特（James Grant）在1871年的新闻报道中宣称，"媒体是人类制度曾用过的最光荣代表的之一，报刊可以用'启迪、文明和道德'改变世界"。[①]由此可见，报刊在当时社会变革中的突出作用。从最初新闻小册子的出现，产生批判政府的言论，受到政府的严厉限制，到后来逐步开始报道政治内容，最终发展成为"第四等级"的监督批判机构，报刊的影响力逐步增强，而这一转折点正是工业革命时期。

而且经过工业革命时期的发展之后，大众对于报刊的认知也开始发生变化。例如在激进运动时期和议会改革时期，大量报刊对社会变革问题的评论，以及关于变革甚至是革命的宣传，虽然促进了社会变革。但是在一些人尤其是众多的保守人士看来，报刊是能够误导公众并导致社会动乱的，保守人士多用"煽动""放荡"等贬义的词汇去形容报刊。而随着1832年议会改革的完成，以及1836年到1855年印花税的逐渐取消，也见证了社会对于报刊的力量的逐步的接受，社会变革中的报刊参与也逐渐习以为常，很多政治家也接受了报刊在政治中的角色。到19世纪末期，报刊的"第四等级"角色可以说已经名副其实，正如就像斯特德在1886年所描述的那样，虽然他是一名"相对年轻的记者"，但他"看到内阁感到不安，部长

---

① 可参见 James Grant, *The Newspaper Press: Its Origins, Progress and Present Position*, London: Sagwan Press, 2015.

们退休、法律废除、重大社会改革启动、法案改革、估计改造、计划修改、行动通过、将军提名、州长任命、军队派遣、战争宣告和战争避免,所有这些都是由报纸作为中介进行宣传来完成的"。①

而伴随着报刊对于社会变革影响的逐步增大,报刊在与当时社会变革频繁互动中也开始带有浓厚的政治特点,关于报刊"第四等级"的称号很大程度上也是因为报刊对于政治问题关注而产生的政治影响力的结果。

一方面,工业革命时期是英国社会变革的重要时期,风起云涌的政治变动为报刊提供了大量时事内容。从18世纪末,以"威尔克斯事件"为起点,报刊开始打破对于政治事件报道。工业革命时期,关于法国大革命、激进运动以及议会改革和宪章运动的问题使得整个英国政治剧烈变动,政治问题在英国民众中得到了前所未有的关注,逐步商业化的报刊为了获得更大的经济利益,迎合大众喜好,大量刊登政治内容。

另一方面,报刊在当时的社会中几乎是唯一传递信息的媒介,在政治讨论备受关注的时代,政论报刊大量出现也符合时代特点。最为重要的是,这一时期是英国政党分化组合以及新

---

① Stephen Koss, *The Rise and Fall of the Political Press in Britain, vol. 1: The Nineteenth Century*, p.14.

兴阶层形成的重要时期。党派之间以及阶层之间的利益冲突，导致了党派与阶层之间的大辩论，作为辩论重要媒介的报刊则成为了相互之间争斗的重要场所。与此同时，各种党派的阶层团体为了实现自身的政治目标，也在报刊上大量的宣传自身政治理念。这些无疑极大的促进了报刊中政治内容的数量以及政论报刊的创办发行。

可以说英国历史上没有一个时期能够达到工业革命时期的报刊对于政治关注的高度。例如，这一时期出现了持续挑战政府权威致力于改革的激进报刊，而且，整个工业革命时期的报刊更是呈现出了政治化的趋势。[①]报刊以政治内容为主的背景下，能够因为报道而出名的报刊也多是因为政治事件，例如《泰晤士报》对于"彼得卢事件"和海外战争的报道，引起了巨大反响，甚至导致政府的倒台。政论报刊所带来的政治影响力，是工业革命时期报刊成为第四等级，取得对于政治报道合法权利的重要表现，也是那个时期英国社会变革重要体现。

总体来讲，英国工业革命时期，国家经济、科技、军事等力量都取得巨大发展，在殖民扩张的过程中逐步发展为头号强国的"日不落帝国"。在社会发展的推动下，英国报刊开始转

---

① 参见 Stephen Koss, *The Rise and Fall of the Political Press in Britain*, London, 1984.

型并取得巨大发展。而此时期英国社会变革重要时期，尤其是这一时期英国发生的大事件，像法国大革命的政治讨论、议会改革运动、激进运动、宪章运动等，所有这些重要社会变革运动都成了报刊讨论的内容。在复杂多变的社会环境中，作为公众参与政治的平台，报刊开始发挥其对于社会变革的巨大影响力。报刊品评时政，对于政府和社会的弊端进行揭露，激进报刊与保守报刊之间的辩论以及不同报刊关于社会问题的讨论，都对当时的社会政治有着重要影响。在辩论中报刊不仅向民众传达了国内社会状况，也真正成为了民众向国家传递信息的平台，实际上，在这些政治运动中在报刊更是起到了传达信息组织运动的作用。这些刊物从不同角度对问题进行解读，引导民众作出最合理的判断。在那个通讯闭塞的年代，报刊成为各地民众沟通的桥梁，也正是报刊这一媒介的存在才将广大的英国民众团结在一起形成一股合力，有利的推动社会变革运动的发展。与此同时，风起云涌的社会变革也为报刊提供了大量时事内容，加之这一时期民众对于政治事件的关注以及报刊作为当时社会唯一信息传递媒介的状况，使得政论报刊成为了当时报刊的主流。在报刊与社会变革的互动过程中，报刊对于社会问题的讨论不仅反映的是英国社会变革中矛盾的消长，更是展现了报刊对于当时国内社会发展起到的重要影响，极大地推动了工业革命时期英国社会变革的发展进程。

《北极星报》（*Northern Star*）

《泰晤士报》（*The Times*）

《严冬：伦敦冬天记闻》（*The Great Frost:
Cold doing in London*）

《柯兰特，或来自意大利、德国、匈牙
利、西班牙和法国的新闻》（*Corante,
or, News from Italy, Germany, Hungarie,
Spaine and France*）

《来自意大利、德国、匈牙利、波西米亚
阿宫廷、法国和底地各国的新闻周
刊》（*Weekly News From Italy, Germany,
Hungaria, Bohemaia the Palatinate,
France and Low Countries*）

《伊斯普维奇的新闻》（*News from Ipswich*）

《演员—流氓》（*Histrio-Mastix*）

《英国信使》(*Mercurius Britainnicus*)

《宫廷信使》(*Mercurius Aulicus*)

《政治信使》(*Mercurius Politicus*)

《公共情报者》(*Public Intelligencer*)

《空中邮报》(*Flying Post*)

《邮政男孩》(*Post Boy*)

《每日新闻报》(*Daily Courant*)

《英国每周评论》(*British Weekly Review*)

《晚邮报》(*Evening Post*)

《闲谈者》(*Tatler*)

《旁观者》(*Spectator*)

《考察家》(*Examiner*)

《辉格考察家》(*Whig Examiner*)

《周刊》(*Weekly*)

《伦敦周刊》(*London's Weekly*)

《匠人》(*Craftsman*)

《绅士杂志》(*Gentleman's Magazine*)

《北不列颠人报》(*North Briton*)

《晨邮报》(*The Morning Post*)

《信使报》(*The Courier*)

《公共广告人》(*Public Advertiser*)

《记事晨报》(*Morning Chronicle*)

《卫报》(*The Guardian*)

《星期日泰晤士报》(*The Sunday Times*)

《观察家报》(*The Observer*)

《伦敦旗帜晚报》(*London Evening Standard*)

《劳埃德周报》(*Lloyed Weekly*)

《雷纳德的周报》(*Reynolds's Weekly Newspaper*)

《世界新闻报》(*News of the World*)

《伦敦新闻画报》(*The Illustrated London News*)

《画报》(*Pictorial Times*)

《每日电讯报》(*Daily Telegraph*)

《派尔-麦尔公报》(*The Pall Mall Gazette*)

《星报》(*The Star*)

《每日邮报》(*Daily Mail*)

《图像》(*Graphic*)

《便士画报》(*Penny Illustrated Paper*)

《珍闻》(*Tit-Bits*)

《旗帜报》(*Standard*)

《每日新闻》(*Daily News*)

《广告人晨报》(*Morning Advertiser*)

《威斯敏斯特公报》(*Westminster Gazette*)

《明星晚报》(*The Evening Star*)

《新闻晚报》(*The Evening News*)

《独立报》(*The Independent*)

《太阳报》(*The Sun*)

《每日镜报》(*Daily Mirror*)

《英国出版报》(*British Press*)

《旅行者》(*Traveller*)

《代表》(*Representative*)

《早报》(*Morning Journal*)

《阿格斯》(*Argus*)

《曼彻斯特先驱报》(*Manchester Herald*)

《黑矮星》(*Black Dwarf*)

《舍温的政治纪事》(*Sherwin's Political Register*)

《贫民卫报》(*Poor Man's Guardian*)

《都柏林通讯员》(*Dublin Correspondent*)

《爱国者》(*Patriot*)

《都柏林日报》(*Dublin Journal*)

《反高卢监察报》(*Anti-Gallican Monitor*)

《反科西嘉纪事报》(*Anti-Corsican Chronicle*)

《古兰特》(*Courant*)

《苏格兰水星报》(*Caledonian Mercury*)

《豪猪》(*Porcupine*)

《神谕》(*Oracle*)

《真正不列颠人》(*True Briton*)

《改革者的纪事》(*Reformer's Register*)

《共和报》(*The Republic*)

《政治引火木》(*Political Touchwood*)

《辉格党的掸子》(*Duster for Whigs*)

《政治手帕》(*Political Hankerchief*)

《纪事晨报》(*Morning Chronicle*)

《约翰·布尔》(*John Bull*)

《科贝特的纪事》(*Cobbett's Register*)

《霍恩的纪事》(*Hone's Register*)

《先驱晨报》(*Morning Herald*)

《评论》(*Review*)

《伦敦公报》(*London Gazette*)

《每周快讯》(*Weekly Dispatch*)

《贝尔的伦敦生活》(*Bell's Life in London*)

《克利伍周报》(*Cleave's Weekly*)

《每周警察公报》(*Weekly Police Gazette*)

《每周快讯》(*Weekly Dispatch*)

《自由人》(*Free Man*)

《自由英国人》(*Free Briton*)

《政治纪事周刊》(*Weekly Political Register*)

《曼彻斯特卫报》(*Manchester Guardian*)

《曼彻斯特水星报》(*Manchester Mercury*)

《利物浦水星报》(*Liverpool Mercury*)

《大不列颠的政治状况》(*The Political State of Great Britain*)

《伦敦杂志》(*London Magazine*)

《世界报》(*Word*)

《莱斯特先驱报》(*Leicester Herald*)

《剑桥情报员》(*Cambridge Intelligencer*)

《爱丁堡先驱报》(*Edinburgh Herald*)

《利物浦凤凰报》(*Liverpool Phoenix*)

《约克报》(*York Courant*)

《纽卡斯尔报》(*Newcastle Courant*)

《诺丁汉评论》(*Nottingham Review*)

《斯塔福德郡广告人》(*Staffordshire Advertiser*)

《桑德兰先驱报》(*Sunderland Herald*)

《西不列颠人报》(*West Briton*)

《博尔顿纪事报》(*Bolton Chronicle*)

《利兹水星报》(*Leeds Mercury*)

《曼彻斯特时报》(*Manchester Times*)

《利兹爱国者》(*Leeds patriot*)

《梅德斯通公报》(*Maidstone Gazette*)

《肯特先驱报》(*Kent Herald*)

《敦促者》(*Prompter*)

《共和党人》(*Republican*)

《激进派》(*Radical*)

《工人之友》(*Working Men's Friend*)

《改革者》(*Reformer*)

《宪章》(*Charter*)

《民主党》(*Democrat*)

《北方解放者》(*Northern Liberator*)

《西方护卫者》(*Western Vindicator*)

《文艺论坛》(*Athenaeum*)

《英国出版报》(*British Press*)

《伦敦间谍》(*The London Spy*)

《便士政治家》(*Penny Politician*)

《英国人》(*Briton*)

《白帽子》(*White Hat*)

《弗里曼杂志》(*Freeman's journal*)

《北部每日时报》(*Northern Daily Times*)

《晨星报》(*The Morning Star*)

《爱丁堡晚间新闻报》(*Edinburgh Evening News*)

《全国改革者报》(*National Reformer*)

《自由评论》(*Free Review*)

《格拉布街杂志》(*Grub Street Magazine*)

《派尔-麦尔公报》(*The Pall Mall Gazette*)

《格拉布街杂志》(*Grub Street Magazine*)

《共和党人》(*Republician*)

《雄狮》(*The Lion*)

《两便士报》(*The Penny Papers*)

《笨拙》(*Punch*)

《自然》(*Nature*)

《预言报》(*Oracle*)

《分析评论》(*Analytical Review*)

《肯特公报》(*Kentish Gazette*)

《谢菲尔德公报》(*Sheffield Register*)

《莱斯特先驱报》(*Leicester Herald*)

《大众政治》(*Politics for the People*)

《精饲料》(*Pig's Meat*)

《论坛报》(*The Tribune*)

《德比水星报》(*Derby Mercury*)

《剑桥情报员》(*Cambridge Intelligencer*)

《纽卡斯尔记事报》(*Newcastle Chronical*)

《内阁》(*The Cabinet*)

《政治人》(*The Politician*)

《道德与政治杂志》(*The Moral and Political Magazine*)

《曼彻斯特纪事报》(*Manchester Chronicle*)

《纽卡斯尔广告人》(*Newcastle Advertiser*)

《纽卡斯尔时报》(*Newcastle Times*)

《切姆斯福德纪事报》(*Chelmusford Chronicle*)

《苏塞克斯广告人周报》(*Sussex Weekly Advertiser*)

《反雅各宾报》(*The Anti-Jacobin*)

《威斯敏斯特杂志与伦敦政治杂录》(*Westminster journal: and London political miscellany*)

《伦敦纪事报》(*London Chronicle*)

《谢菲尔德报》(*Sheffield*)

《剑桥纪事报》(*Cambridge Chronicle*)

《谢菲尔德鸢尾》(*Sheffield Iris*)

《格洛斯特杂志》(*Glocester Journal*)

《莱斯特纪事报》(*Leicester Chronicle*)

《约瑟夫盖尔纪事报》(*Joseph Gale's Register*)

《爱丁堡先驱报》(*Edinburgh Herald*)

《利物浦凤凰报》(*Liverpool Phoenix*)

《莱斯特报》(*Leicester Journal*)

《英国评论员》(*British Critic*)

《忠诚者》(*Loyalist*)

《反高卢报》(*Anti-Gallican*)

《年度纪事》(*Annual Register*)

《纽瓦克先驱报》(*Newark Herald*)

《巴斯纪事报》(*Bath Chronicle*)

《伯里和诺维奇邮报》(*Bury and Norwich Post*)

《伍斯特先驱报》(*Worcester Herauld*)

《什罗普居民报》(*Salopian Journal*)

《独立辉格报》(*Independent Whig*)

《卡莱尔杂志》(*Carlise Journal*)

《箭猪》(*Porcupine*)

《莱斯特杂志》(*Leicester Journal*)

《英国批评家》(*British Critic*)

《反雅各宾评论和杂志》(*Anti Jacobin Review and Magazine*)

《两便士废物报》(*TwoPenny Trash*)

《英国评论家》(*English Reviewer*)

《便士杂志》(*Penny Magazine*)

《科贝特的政治纪事》(*Cobbett's Political Register*)

《美杜莎》（*Medusa*）

《反科贝特报》（*Anti-Cobbett*）

《每周爱国纪事》（*Weekly Patriotic Register*）

《自由帽》（*Cap of Liberty*）

《钱伯的爱丁堡杂志》（*Chamber's Edinburgh Journal*）

《漫步者杂志》（*Rambler's Magazine*）

《欧文的危机》（*Owen's the Crisis*）

《世界公民》（*Cosmopolite*）

《男人》（*Man*）

《有用知识和合作杂记的先锋杂志》（*Pioneer Magazine of Useful Knowledge and Co-operative Miscellany*）

《毁灭》（*Destructive*）

《西部之声》（*Voice of West Riding*）

《两便士电讯报》（*Two Penny Telegraph*）

《人民之声》（*Voice of the People*）

《解放者》（*Liberator*）

《商业报》（*Trades Newspapers*）

《伦敦快报》（*London Dispatch*）

《民主记录仪》（*Democratic Recorder*）

《圣詹姆斯纪事报》（*St. James's Chronicle*）

《吉本斯·梅尔的白矮星》（*Gibbons Merle's White Dwarf*）

《谢菲尔德水星报》（*Sheffield Mercury*）

《公众舆论》（*Public Opinion*）

《冠军》（*Champion*）

《政治家》（*Statesmen*）

《英国监督者》（*British Monitor*）

《标准报》（*Standard*）

《时代与晨报》（*Age and Morning Journal*）

《布莱顿公报》（*Brighton Cazette*）

《布里斯托尔杂志》（*Bristol Journal*）

《卡莱尔爱国者报》（*Carlisle Patriot*）

《康沃尔皇家公报》（*The Royal Cornwall Gazette*）

《利兹情报员》（*Leeds Intelligencer*）

《利物浦标准报》（*Liverpool Standard*）

《诺丁汉杂志》（*Nottingham Journal*）

《剑桥周报》（*Cambridge Weekly Journal*）

《肯特纪事报》（*Kentish Chronicle*）

《伯明翰阿格斯》（*Birmingham Argus*）

《两便士快讯》（*Two penny Dispatch*）

《人民之声与哀号》（*People's Hue and Cry*）

《两便士邮报》（*Twopenny Post*）

《伦敦邮报》（*London Post*）

《政治周刊》（*Weekly Police Gazette*）

《英国劳工的保护者》（*British Labourer's Protector*）

《工厂童工的朋友》（*Factory Child's Friend*）

《波顿纪事报》（*Bolton Chronicle*）

《曼彻斯特和索尔福德广告商》（*Manchester and Salford Advertiser*）

《伦敦水星报》（*London Mercury*）

《曼彻斯特信使》（*Manchester Courier*）

《真正的苏格兰人》（*True Scotsman*）

《苏格兰爱国者》（*Scottish Patriot*）

《威尔士号角》（*Trumpet of Wales*）

《南极星报》（*Southern Star*）

《梅瑟蒂自由新闻》（*Merthyr Free News*）

《大英帝国政治形式》（*The Political State of Great Britain*）

英国报刊大事年表①

1467年　威廉·卡克斯顿在威斯敏斯特创办英国第一家印刷出版社

1500年　温奇·沃德在堂舰队街圣布瑞德教堂旁边建立了出版社

1537年　宗教改革后第一份关于新闻审查的皇家宣言

1557年　授予文具公司皇家特许状

1586年　伊丽莎白女王颁布"星法庭法令"

1620年　在阿姆斯特丹出版了第一个已知的英语语言"柯兰特"（coranto）

---

① 材料来源于 Dennis Griffiths, *The Encyclopedia of the British Press, 1422—1992*; Dennis Griffiths, *Fleet street: Five Hundred Years of the Press*. 等。

1621 年　第一份名为《意大利新闻或柯兰特》(*Corante, or Newes from Italy, etc*) 的报纸，在伦敦以 "NB" 印刷

1622 年　手抄报纸《每周新闻》(*weekly News*) 在伦敦创刊

1625 年　本·琼森的反新闻喜剧《新闻的书钉》(*Staple of News*) 创刊

1637 年　星法庭法令要求所有印刷物的支付通过牛津博德利图书馆的文具公司

1638 年　伯恩和伯特被授予皇家出版权限

1641 年　星法庭废除

1641 年　塞缪尔·派克创办《议会每日纪闻》(*A Perfect Diurnall Proceedings in this Present Parliament*)

1643 年　由于保皇党和议会《信使》(*Mercuries*) 之间的公众竞争日益激烈，许可证颁发委员会成立。伯肯黑德创办了保皇党的《宫廷信使》(*Mercurius Aulicus*) 在每周定期出版；其后是内达姆的出版议会立场《不列颠信使》(*Mercurius Britannicus*)

1644 年　约翰·弥尔顿出版《论新闻的自由》

1649 年　克伦威尔禁止所有的新闻出版

1651 年　弥尔顿被任命为官方审查员

1657 年　内达姆和纽科姆的《公共顾问》(*Publick Adviser*)——第一本仅限广告的新闻书

1660 年　复辟的情况下，慕德曼垄断了新闻出版业

1662 年　"出版许可法"将法定的支付要求扩大到国王图书
　　　　馆、大英博物馆馆藏核心、剑桥大学图书馆以及牛
　　　　津大学图书馆，法案最终于 1694 年撤销

1663 年　罗杰·莱斯特兰奇作为印刷检察人员，开始垄断新
　　　　闻出版

1665 年　《牛津公报》(Oxford Gazette) 创刊，后来更名为
　　　　《伦敦公报》(London Gazette)

1679 年　本杰明·哈里斯创办《家庭情报》(Domestick
　　　　Intelligence)

1690 年　《雅典公报》(Athenian Gazette) 创刊

1693 年　《女士水星》创刊，是最早的女性期刊

1696 年　《劳埃德新闻报》(Lloyd's News) 创刊，是《劳埃德
　　　　船舶日报》(Lloyds List) 的前身

1698 年　《道克斯的新闻信件》(Dawks' News-Lette)、《英国间
　　　　谍》(English Spy) 创刊

1702 年　第一份成功的日报《每日新闻报》(Dailry Courant)
　　　　创刊

1706 年　第一份晚报《三周晚邮报》(The tri-weekly Evening
　　　　Post) 创刊

1808 年　《考察者》(Examiner) 创刊

1709 年　《闲谈者》(*Tatler*) 创刊

1710 年　乔森纳·斯威夫特短暂担任编辑之后，第一位女性编辑玛丽·德拉里维尔·曼利成为《考察者》(*Examiner*) 的主编

1711 年　《旁观者》(*Spectator*) 创刊

1712 年　印花税颁行

1719 年　笛福成为了《每日邮报》(*Daily Post*) 的主编，《伦敦杂志》(*London Journal*) 创刊

1715—1725 年　6 个页面的周刊盛行

1725 年　第二次印花税法案将早期的法规推广到所有的报纸

1726 年　亨利·伍德福斯接管《每日邮报》，更名为《伦敦每日邮报和大众广告者》(*London Daily Post & General Advertiser*)；反对派论坛《匠人》(*Craftsman*) 创刊

1727 年　《伦敦晚邮报》(*London Evening Post*) 创刊

1730 年　《格拉布街杂志》(*Grub street Journal*) 创刊，《每日广告人》(*Daily Advertiser*) 创刊

1731 年　爱德华·凯夫在伦敦创办《绅士杂志》(*Gentleman's Mangzine*) 并尝试及时报道议会新闻

1732 年　第一份《伦敦杂志》(*London Magazine*) 创刊

1738 年　所有的议会报道被禁止

1735 年　内阁派报刊合并起来成为《每日公报》(*Daily Gazette*)

1739 年 亨利·菲尔丁的《冠军》(*Champion*) 创刊

1741 年 《地名录 & 伦敦广告者》(*Gazeteer & London Advertiser*) 创刊

1750 年 塞缪尔·约翰逊的《漫步者》(*Rambler*) 创刊

1753 年 罗伯特·多兹利出版了《世界报》(*World*)

1757 年 《伦敦纪事》(*London Chronicle*) 和《环球晚报》(*Universal Evening Post*) 创刊

1757 年 印花税增加到 1 便士

1762 年 威尔克斯创办《北不列颠人报》(*North Briton newspaper*)

1763 年 《北方不列颠人》第 45 期批评政府遭议会诽谤起诉

1769 年 《纪事晨报》(*Morning Chlonicle*) 创刊朱尼斯来信被刊登在《公共广告人》(*Public Advertiser*) 等 6 份报刊，因转载遭到政府起诉

1770 年 朱尼斯信件受到牵连的 6 位出版商全部无罪释放

1771 年 恢复报道议会新闻

1772 年 《晨邮报》(*Morning Post*) 创刊

1774 年 英国议会纪事录（*Hansard*）首次报道了议会的争论

1775 年 上议院允许报道辩论

1779 年 约翰逊夫人的《英国公报和星期日监视器》(*British Gazette & Sunday Monitor*) 创刊，第一份星期日报

纸刊行

1780 年　亨利·巴特·达德利发起《先驱晨报》(*Morning Herald*)

1785 年　《每日环球纪事报》(*Daily universal Register*) 创刊

1787 年　约翰·贝尔创办《世界》(*world*)

1788 年　《每日环球纪事日报》(*Daily Universal Register*) 更名为《泰晤士报》(*The Times*)；斯图亚特在伦敦创办英国第一份晚报《星报》(*Star*)

1791 年　威廉·克莱门特在伦敦创办《观察家报》(*The Spectator*)

1792 年　议会通过福克斯诽谤法案包括：陪审团对一切诽谤案有总裁决权；法官根据自己的判断向陪审团提出参考意见；陪审团必要时可进行特别宣判；诽谤罪必须有法律依据

1794 年　《广告晨报》(*Morning Advertiser*) 创刊

1800 年　《箭猪》(*Porcupine*) 创刊

1802 年　威廉·科贝特创办《政治纪事周刊》(*Weekly Political Register*)

1803 年　《格洛布》(*Globe*) 晚报创刊

1805 年　《泰晤士报》第一次出版号外，报道奥地利前线将军向拿破仑投降的消息

1806—1807 年 《泰晤士报》派亨利·克拉布·鲁宾逊常驻德
国汉堡附近的阿尔托纳，是世界上第一个常
驻国外的记者

1808 年 《泰晤士报》派遣亨利·克拉布·鲁宾逊到伊比利亚
半岛战争中

1812 年 威廉·科贝特 1804 年创办的《议会辩论》
（*Parliamentary Debates*）被《英国议会议事录》
（*Hansard*）所接管

1814 年 《泰晤士报》引进柯尼希蒸汽印刷设备，按单词排字
的新式印刷机

1817 年 《泰晤士报》建立总编辑制度，托马斯·巴恩斯为第
一任总编，在此之前，报社老板、总编和经理之间
没有明确分工，总编制建立后，该报聘请学识丰富
的人担任总编，视为报业体制一大改革，英国与其
他各国报纸纷纷效仿。

1819 年 六条法案颁行，其中两条是针对激进报刊的，《泰晤
士报》的记者约翰·提亚斯对"彼得卢大屠杀"进
行了报道

1821 年 约翰·泰勒创办《曼彻斯特卫报》（*Manchester
Guardian*）

1822 年 《星期日泰晤士报》创刊，印花税署同意在其法定生

涯结束时将大量报纸副本传递给大英博物馆

1827 年　《旗帜报》(*Standard*) 创刊

1833 年　广告税从 3s.6d 降低至 1s.6d

1836 年　报业协会成立

1840 年　电报发明并在新闻出版产业投入使用

1841 年　约翰·德兰出任《泰晤士报》第二任总编

1842 年　《伦敦新闻画报》(*The Illustrated London News*) 创刊，
　　　　　《劳埃德周报》(*Lloyed Weekly*) 创刊

1843 年　约翰·贝尔在伦敦创办《世界新闻报》(*News of the
　　　　　World*)，该报为星期日报，多刊登桃色新闻、体育
　　　　　新闻和广告，很快销量超过其他星期日报，同年，
　　　　　《经济学人》(*The Economist*) 周刊在伦敦创办

1844 年　《泰晤士报》首次实现了电报传递消息

1846 年　《每日新闻》(*Daily News*) 在伦敦创刊由著名作家狄
　　　　　更斯主编创刊号至第 17 期，它是 19 世纪英国著名
　　　　　日报之一

1851 年　路透社在伦敦创办

1852 年　约翰·德兰在《泰晤士报》发表文章，论述新闻自
　　　　　由和报人的作用，他主张报纸应摆脱政府和政党影
　　　　　响，独立发挥作用

1853 年　广告税废除

1855 年　印花税废除；斯莱上校在伦敦创办《每日电讯报》（*The Daily Telegraph*）三月后被约瑟夫·莱维收购，每份售价一便士，视为英国最早的"便士报"；《泰晤士报》战地记者拉塞尔从克里米亚前线发回连续报道，揭露英国政府后勤工作失误，最终导致远征军司令罗格兰辞职，阿伯登内阁倒台；《谢菲尔德每日邮报》（*Sheffield Daily Telegroph*）等很多便士报纷纷创刊

1857 年　《泰晤士报》引进滚筒印刷技术

1861 年　纸张税废除

1865 年　《派尔-麦尔公报》（*Pall Mall Gazette*）创刊

1871 年　主要的出版物都开始使用电报

1881 年　《晚间新闻》（*Evening News*）、《珍闻》（*Tit-Bits*）、《人民》（*People*）等创刊

1882 年　伦敦出版俱乐部成立

1884 年　全国记者协会成立

1885 年　威廉·斯特德因为其在《派尔-麦尔公报》中刊登向女性致敬的系列而入狱

1888 年　阿尔弗雷德·哈姆斯沃思创建了《答案》（*Answers*）；T. P. 奥康纳开始成为《星报》的主编，《金融时报》（*Financial Times*）创刊

1890 年 《每日画报》(*Daily Graphic*) 创刊

1896 年 哈姆斯沃思创办《每日邮报》(*Daily Mail*)，《劳埃德周报》宣称发行量达到了 100 万份

1900 年 C.A. 皮尔逊创办《每日快讯》(*Daily Express*)

1903 年 《每日镜报》(*Daily Mirror*) 创刊，玛丽·豪瓦斯成为主编

1904 年 皮尔逊收购《旗帜报》(*Standard*) 和《旗帜晚报》(*Evening Standard*)

1905 年 哈姆斯沃思收购《观察者》(*The Observer*)

1906 年 报刊业主协会成立

1907 年 全国记者联盟创立

1908 年 北岩勋爵收购《泰晤士报》

1909 年 第一次帝国新闻发布会在伦敦举行，是英联邦出版社的基础

1911 年 阿斯特成为了《观察者》的新业主

1912 年 《每日先驱报》(*Daily Herald*) 创刊

1915 年 罗瑟米尔勋爵创立《星期日画报》(*Sunday Pictorial*)（后来更名《星期日镜报》(*Sunday Mirror*)）；《旗帜晚报》出售给爱德华·胡尔顿二世；贝瑞兄弟收购《星期日泰晤士报》(*Sunday Times*)

1917 年 马克斯·艾特肯（后来的比弗布鲁克勋爵）控股

　　　　　　《每日快讯》,《旗帜报》停业

1918 年　比弗·布鲁克创办《星期日快讯》(*Sunday Express*)

1919 年　贝里兄弟收购《金融时报》(*Financial Times*)

1922 年　诺斯克利夫去世；罗瑟米尔接手联合报业集团和联合出版集团；约翰·雅各·阿斯特取得了《泰晤士报》的控制权；工党和 TUC 接管《每日先驱报》(*Daily Herald*)

1923 年　罗瑟米尔收购赫尔顿报团；比弗·布鲁克接管《旗帜晚报》

1924 年　贝里兄弟和爱德华·伊利夫在原先赫尔顿报团的基础上增加了《星期日泰晤士报》,组成了联合报团

1925 年　报刊协会控股路透社

1926 年　总罢工；《英国公报》(*British Gazette*)、《英国工人》(*The British Worker*)创刊

1928 年　贝里兄弟和伊利夫收购《每日电讯报》

1930 年　《每日纪闻》(*Daily Chronicle*)与《每日新闻》(*Daily News*)合并,形成《新闻纪事报》(*News Chronicle*);《工人日报》(*Daily Worker*)后来的《晨星报》(*Morning Star*)创办

1932 年　大英博物馆报馆在考林戴尔开放

1937 年　《每日电讯报》合并入《晨邮报》(*Morning Post*)

1940 年　报刊用纸定量供应

1941 年　《工人日报》(*Daily Worker*) 创刊；新闻协会和报业经营者协会成为路透社的共同业主

1942 年　《每日镜报》(*Daily Mirror*) 被警告

1947 年　第一届皇家新闻出版委员会

1950 年　《世界新闻报》(*News of the World*) 发行量达到 8500000 份

1952 年　罗瑟米尔的联合报团重新控制《每日画报》(*Daily Graphic*)

1953 年　《每日镜报》在加冕日卖出了 7161704 份，创造了英国日报的发行纪录；罗伊·汤姆森收购《苏格兰人》(*Scotsman*)；新闻总理事会成立；为期一个月的全国报业罢工

1957 年　《金融时报》被皮尔逊报团合并

1959 年　汤姆森收购凯姆斯利报团，其中包括《星期日泰晤士报》

1960 年　《新闻纪事报》(*News Chronicle*)、《星报》(*The Star*)、《星期日画报》(*Sunday Graphic*)、《帝国新闻》(*Empire News*) 停刊

1961 年　第二届皇家新闻委员会成立；《星期日先驱报》合并进《星期日快讯》；《星期日电讯报》创刊

1964 年　比弗·布鲁克去世；新闻总理事会重组为新闻理事会

1966 年　《泰晤士报》将新闻转移到头版；汤姆森购买了《泰晤士报》及其增刊

1968 年　报业经营者协会更名为报纸出版商协会

1969 年　《世界新闻报》和《太阳报》被鲁珀特·默多克的新闻集团收购，《世界新闻报》重归小报路线，取得较大发展

1970 年　里德国际由里德报团和 IPC 国际报团合并成立

1971 年　《每日邮报》合并了《每日简报》(*Daily Sketch*)，转换为紧凑型报纸

1974 年　第三届皇家报业委员会成立

1976 年　大西洋里奇菲尔德公司持有《观察者》的大部分股权

1978 年　《每日星报》在曼彻斯特刊行；《泰晤士报》和《星期日泰晤士报》停刊两个月

1979 年　《经济时报》在法拉克福发行国际版本

1980 年　《每日星报》通过传真在伦敦和曼彻斯特同时印刷，《晚间新闻报》停刊，并入《旗帜晚报》

1981 年　《泰晤士报》和《星期日泰晤士报》被鲁珀特·默多克的新闻集团收购，《观察者》被罗荷收购

1984 年　罗伯特·马克斯韦尔收购镜报集团；路透社成为上市公司

1985 年　联合报团收购了《每日快报》(*Express Newspapers*)；康拉德·布莱克控制了《每日电讯报》和《星期日电讯报》股权；联合报团全资控股《旗帜报》(*Standard*)

1986 年　国际新闻集团搬到了伦敦瓦平区；埃迪·沙阿创办《当代报》(*Today*)；安德烈亚斯·惠特姆·史密斯创办《独立报》(*Independent*)

1987 年　麦克斯韦创办《伦敦每日新闻报》(*London Daily News*)

1988 年　《每日镜报》在全国范围内开展了颜色革命

1989 年　《星期日通讯员》(*Sunday Correspondent*)创刊

1990 年　《星期日独立报》(*Independent on Sunday*)创刊

1991 年　报刊投诉委员会取代报业评议会

1993 年　卫报传媒集团收购《观察者》

1999 年　联合报团在伦敦创办《地铁报》(*Metro*)

2000 年　里士满·德斯蒙德接管快报集团

2002 年　三月份舰队街三百周年庆祝活动

2003 年　《独立报》《泰晤士报》开始缩减版面

2004 年　巴克利兄弟收购《每日电讯报》和《星期日电讯

报》;《独立报》紧随《泰晤士报》全部缩减版面

2006年　报纸出版人协会创立百年

2011年　《世界新闻报》因窃听丑闻后被关闭

2018年　《卫报》(*The Guardian*)缩减版面为四开小报

一、报刊数据库

《17—18 世纪伯尔尼报纸数据库》(17th and 18th Century Burney Newspapers Collection)

《19 世纪大英图书馆报纸数据库》(19th Century British Library Newspapers)

《滑铁卢英国报刊指南数据库》(The Waterloo Directory of English Newspapers and Periodicals)

二、英文著作

Andrews, A., *The History of British Journalism: From the Foundation of the Newspaper Press in England to the Repeal of the Stamp Act in 1855, with Sketches of Press*

Celebrities. Vols 1 and 2, London: Routledge/Thoemmes, 2000.

Angell, N., *The Press and the Organisation of Society*, London: Labour Publishing Company, 1922.

Aspinall, Arthur, *Politics and The Press, 1780—1850*, London: Home & Van Thal, 1949.

Baistow, T., *Fourth Rate Estate*, London: Comedia, 1985.

Ballaster, R., Beetham, M., Frazer, E. and Hebron, S., *Women's Worlds: Ideology, Femininity and the Women's Magazine*, Basingstoke: Macmillan, 1991.

Barker, H., *Newspapers, Politics and Public Opinion in Late Eighteenth Century England*, Oxford: Oxford University Press, 1998.

Barker, Hannah, *Newspapers, politics and English society, 1695—1855*, London: Langman, 2000.

Beetham, M., *A Magazine of Her Own? Domesticity and Desire in the Women's Magazine 1800—1914*, London: Routledge, 1996.

Beetham, M. and Boardman, K., *Victorian Women's Magazines*, Manchester: Manchester University Press, 2001.

Behrendt, S.C., *Radicalism, Romanticism and the Press*, Detroit:

Wayne State University Press, 1997.

Beljame, Alexandre, *Men of Letters and the English Public in the 18th Century, 1660—1744*, London: Routledge, 1948.

Black, J., *The English Press in the Eighteenth Century*, Aldershot: Gregg Revivals, 1991.

Black, J., *The English Press 1621—1861*, Stroud: Sutton Publishing, 2001.

Blake, N. F., *Caxton and His World,* London: Andre Deutsch Limited, 1969.

Bond D.H. and McLeod R., *Newsletters to Newspapers: Eighteenth Century Journalism*, West Virginia University, 1977.

Bond, D.F., *The Spectator Vol.TV*, London: Oxford University Press, 1965.

Bonomi, Patricia U., *The Lord Cornbury Scandal: The Politics of Reputation in British America*, UNC Press, 2000.

Boston, R., *The Essential Fleet Street: Its History and Influence*, London: Blandford, 1990.

Boyce, G., Curran, J. and Wingate, P., *Newspaper History from the Seventeenth Century to the Present Day*, London: Constable, 1978.

Brake, L., Bell, B. and Finkelstein, D., *Nineteenth-Century Media and the Construction of Identities*, Basingstoke: Palgrave, 2000.

Bray, T.C., *A Newspaper's Role in Modern Society*, Queensland: University of Queensland Press, 1965.

Brewer, J., *Party Ideology and Popular Politics at the Accession of George III*, Cambridge: Cambridge University Press, 1976.

Briggs, A., *The History of Broadcasting in the United Kingdom. Vol.IV* Oxford: Oxford University Press, 1979.

Briggs, A., and Burke, P., *A Social History of the Media: From Gutenberg to the Internet*, Cambridge: Polity Press, 2002.

Bromley J. and O'Malley T., *A Journalism Reader*, London: Routledge, 1997.

Brown, Lucy, *Victorian news and newpapers, Oxford: Clarendon Press*, New York: Oxford University Press, 1985.

Burke, P., *Popular Culture in Early Modern Europe*, London: Temple Smith, 1978.

Burton, R., *The Anatomy of Melancholy, H. Jackson*, London: J.M. Dent and Sons, 1972.

Capp, B., *Astrology and the Popular Press: English Almanacs 1500—1800*, London: Faber and Faber, 1979.

Carey, James W., *The Problem of Journalism History, Journalism History*, 1974.

Carlyle, T., *On Heroes, Hero-worship, and the Heroic in History*, (Vol.1), Oakland: University of California Press, 1993.

Carter, C., Branston, G.and AllenS., *News, Gender and Power*, London: Routledge, 1998.

Cash, Arthur H., *John Wilkes: the scandalous Father of Civil Liberty*, New Haven, London: Yale University Press, 2006.

Chalaby, J.K., *The Invention of Journalism*, Basingstoke: Macmillan, 1998.

Clarke, Bob, *From Grub Street to Fleet Street: an illustrated history of English newspapers to 1899*, London: Ashgate, 2004.

Cleverley, G., *The Fleet Street Disaster*, London: Constable and Company Ltd, 1976.

Clyde, W. M., *The Struggle for the Freedom of the Press from Caxton to Cromwell*, University of St Andrews/Humphrey Milford, 1934.

Colin, C., *A History of European Printing*, London: New York: Academic Press, 1976.

Conboy, M., *Journalism: A critical History*, London: Sage, 2004.

Conboy, M., *The Press and Popular Culture*, London: Sage, 2002.

Cranfield, G.A., *The Press and Society: From Caxton to*

Northcliffe, Harlow: Longman, 1978.

Cressy, D., *Literacy and the Social Order: Reading and Writing in Tudor and Stuart England*, Cambridge: Cambridge University Press, 1980.

Cross, Nigel, *The common writer: life in the nineteenth—century Grub Street*, New York: Cambridge University Press, 1985.27.

Crouzet, Francois, *The Victorian Economy*, London: Methuen, 1982.

Curran J. and Gurevitch M., *Mass Media and Society*, London: Edward Arnold, 1991.

Curran, J. and Seaton, J., *Power without Responsibility*, London: Routledge, 1993.

Dahlgren, P., and Sparks, C., *Journalism and Popular Culture*, London: Sage, 1992.

Davis, L.J., *Factual Fictions: The Origins of the English Novel*, Philadelphia: University of Pennsylvania Press, 1983.

Dawson, Paul, *Creative writing and the new humanities*, Routledge, 2005.

De Burgh, H., *Investigative Journalism*, London: Routledge, 2000.

Deane, Phyllis, *The First Industrial Revolution*, Cambridge University Press, 1986.

Derek, Hudson, *British Journalists and Newspaper*, London: Clarke & Sherwell Ltd, 1924.

Dickinson, H.T., *The Politics of the People in Eighteenth-Century Britain*, New York: St. Martin's Press.

Dooley, B., and Baron, S., *The Politics of Information in Early Modern Europe*, London: Routledge, 2001.

Downie, J. A., *Robert Harley and the Press: Propaganda and Public Opinion in the Age of Swift and Defoe*, Cambridge: Cambridge University Press, 1979.

Eagleton, T., *The Function of Criticism: From The Spectator to Post-Structuralism*, London: Verso, 1991.

Ehrman, John, *The Younger Pitt, II, The Reluctant Transition*, London: Constable, 1983.

Eisenstein, E. L., *The Printing Press as an Agent of Social Change*, Cambridge: Cambridge University Press, 1979.

Emsley, Clive, *British Society and the French Wars*, New Jersey: Rowman and Littlefield, 1979.

Engel, M., *Tickle the Public: One Hundred Years of the Popular Press*, London: Gollanz and Prentice Hall, 1996.

Finkelstein, D., *The House of Blackwood*, Philadelphia: Pennsylvania State University Press, 2002.

Fox-Bourne, H. R., *English Newspapers. Vols 1 and 2*, London: Thommes/ Routledge, 1998.

Frank, Joseph, *The Beginnings of the English Newspaper, 1620— 1660, Harvard University* Press, 1961.

Friedman, J., *Miracles and the Public Press during the English Revolution*, London: University College Press, 1993.

Garlick, B. and Harris, M., *Victorian Journalism Exotic and Domestic. St. Lucia*, Queensland: Queensland University Press, 1998.

Gilmartin, K., *Print Politics: The Press and Radical Opposition in Early Nineteenth Century England*, Cambridge: Cambridge University Press, 1996.

Gough, H., *The Newspaper Press in the French Revolution*, London: Routledge, 1988.

Griffiths, D., *Fleet Street: Five Hundred Years of The Press*, London: British Library, 2006.

Habermas, J., *The Structural Transformation of the Public Sphere*, Cambridge: Polity Pres, 1992.

Halasz, A., *The Marketplace of Print*, Cambridge: Cambridge University Press, 1997.

Hargreaves, I. and Thomas, J., *New News, Old News*, London:

LT.C. Viewer Relations Uni, 2003.

Harris, B., *A Patriot Press: National Politics and the London Press in the 1740s*, Oxford: Oxford University Press, 1993.

Harris, B., *Politics and the Rise of the Press: Britain and France 1620—1800*, London: Routledge, 1996.

Harris, M. and Lee, A. J., *The Press in English Society from the Seventeenth to the Nineteenth Century*, London and Toronto Associated University Presses, 1978.

Harris, M., *London Newspapers in the Age of Walpole*, London and Toronto: Associated University Presses, 1987.

Harrison, S., *Poor Men's Guardians*, London: Lawrence and Wishart, 1974.

Heath, RB, *The Popular Press*, London: Thomas Nelson and Sons, 1975.

Herd, H., *The March of Journalism: The Story of the British Press from 1622 to the History of The Times Vol.1. The Thunderer in the Making: 1785—1841*, London: Times Publishing Company, 1935.

Hollis P., *The popular Press*, Oxford: Oxford University Press, 1970.

Hone, J. Ann, *For the Cause of Truth: Radicalism in London,*

1796—1821, New York: Clarendon Press of Oxford University Press, 1982.

Ingelhart, Louis Edward, *Press freedoms: a descriptive calendar of concepts, interpretations, events, and court actions, from 4000 BC to the present*, Greenwood Publishing Group, 1987.

Jackson, P., Stevenson, N. and Brooks, K., *Making Sense of Men's Magazines*, Cambridge: Polity, 2001.

Jones, Aled, *Powers of the press: newspapers, power and the public in nineteenth-century*, Routledge，1996.

Knight, Charles, *Passages of a Working Life, I*, London: Bradbury & Evans, 1864.

Koss, Stephen, *The Rise and Fall of the Political Press in Britain*, London, 1984.

Leavis, Q. D., *Fiction and The Reading Public*, London: Chatto and Windus, 1932.

Lee, A.J., *The Origins of the Popular Press 1855—1914*, London: Croom Helm, 1976.

HR., *Market Driven Journalism: Let the Citizen Beware*, London: Sage, 1994.

McCalman, I., *Radical Underworld: Prophets, Revolutionaries, and Pornographers in London, 1795—1840*, Cambridge:

Cambridge University Press, 1988.

Miller, D.L. O'Dair, S. and Weber, H., *The Production of English Renaissance Culture. Ithaca*, NY: Cornell University Press, 1994.

Murphy, Michael J., *Murphy Cambridge newspapers and opinion, 1780—1850*, Cambridge: Oleander Press, 1977.

Negrine, R., *Politics and the Mass Media in Britain*, London: Routledge, 1994.

Neubauer, H.J., *The Rumour: A Cultural History*, London: Free Association Books, 1999.

Newlyn, Lucy, *Reading, Writing, and Romanticism: The Anxiety of Reception*, OUP Oxford; Revised ed., 2003.

Palmegiano, Eugenia M., *Perceptions of the Press in Nineteenth-Century British Periodicals: A Bibliography*, Anthem Press, 2012.

Philp, Mark, *The French Revolution and British Popular Politics*, New York: Cambridge University Press, 1991.

Postman, N., *Amusing Ourselves to Death: Public Discourse in the Age of Showbusiness*, London: Methuen, 1986.

Raboy, M. and Dagenais, B., *Media, Crisis and Democracy*, London: Sage, 1992.

Raymond J., *News, Newspapers and Society in Early Modern Britain*, London: Frank Cass, 1999.

Raymond, J., *The Invention of the Newspaper: English Newsbooks, 1641—1649*, Oxford: Oxford University Press, 1996.

Read, Donald, *Press and People, 1790—1850: Opinion in Three English Cities*, Ashgate Publishing Limited, 1996.

Riley, S.G., *Consumer Magazines of the British Isles,* Westport CT: Greenwood, 1993.

Robson, J. M., *Marriage or Celibacy? The Daily Telegraph on a Victorian Dilemma*, Toronto: University of Toronto Press, 1995.

Rogers, Pat, *Grub Street: studies in a subculture*, New York: Routledge, 2014.

Ross, A., *Selections from the Tatler and the Spectator*, Harmondsworth: Penguin, 1982.

Rowbothom, S., *Hidden from History: 300 Years of Women's Oppression and the Fight Against It*, London: Pluto, 1996.

Sanders, K., *Journalism Ethics*, London: Sage, 2002.

Schiller, D., *Objectivity: The Public and the Rise of Commercial Journalism*, Philadelphia: University of Pennsylvania Press, 1981.

Schwelzer, Karl, Black, Jeremy, *Politics and The Press in Hanoverian Britain*, Lewiston, N.Y.: Published on behalf of Bishop's University by E. Mellon Press, 1989.

Sebba, A., *Battling for News*, London: Hodder and Stoughton, 1994.

Sharpe, K., *Reading Revolutions: The Politics of Reading in Early Modern England*, New Haven, CT: Yale University Press, 2000.

Shattock, J. and Wolff, M., *The Victorian Periodical Press: Samplings and Soundings*, Leicester: Leicester University Press, 1982.

Shattock, J., *Politics and Reviewer: The Edinburgh and The Quarterly*, Leicester: Leicester University Press, 1989.

Shattock, Joanne, *Journalism and the periodical press in nineteenth-century Britain*, Cambridge, UK New York, NY Cambridge University Press, 2017.

Shephard, L., *The History of Street Literature*, London: David and Charles, 1973.

Shevelow, K., *Women and Print Culture*, London: Routledge, 1989.

Siebert, F.S., *Freedom of the Press in England 1476—1776: The Rise and Fall of Government Control*, Urbana, IL: Urbana

University Press, 1965.

Smith, A., *The Newspaper: An International History*, London: Thames and Hudson, 1979.

Smith, A., *The British Press Since the War*, London: David and Charles, 1976.

Smith, Martin John, *English radical newspapers in the French revolutionary era, 1790—1803*, London University PhD Thesis, 1979.

Sommerville, J., *The News Revolution*, Oxford: Oxford University Press, 1996.

Sutherland, J., *The Restoration Newspaper*, Cambridge: Cambridge University Press, 1986.

Temple, Mick.*The British press*, Maidenhead: McGraw-Hill International（UK）Ltd., 2008.

Thompson, E.P., *The Making of the English Working Class*, London: Gollancz, 1963.

Treglown, Jeremy and Bennett, Bridget, *Grub Street and the ivory tower: literary journalism and literary scholarship from Fielding to the Internet*, New York, 1998.

Tuchman, G., *Making News: A Study in the Construction of Reality*, New York: Free Press, 1978.

Tunstall, J., *Newspaper Power* Oxford: Clarendon, 1996, University of Wisconsin Press, 1992.

Trevelyan, George Macaulay, *British History in the Nineteenth Century: 1782—1901*, London: Longmans, Green, 1922.

Van Arsdel, RT., *Victorian Periodicals and Victorian Society*, Aldershot: Scolar Press, 1994.

White, C. L., *Women's Magazines 1693—1968*, London: Michael Joseph, 1970.

Wickwar, William H., *The Struggle for the Freedom of the Press: 1819—1832*, London: Allen and Unwin, 1928.

Wiener, Joel H, *Great Britain: the Lion at Home, A Documentary History of Domestic Policy, 1689—1973,* NewYork, 1974.

Willias, K., *Read All About It: A History of the British Newspaper*, London: Routledge, 2009.

三、中文著作和论文

（一）著作

阿萨·布里格斯著、陈叔平等译:《英国社会史》，商务印书馆2015年版。

柏克著、何兆武等译:《法国革命论》，商务印书馆1998年版。

凯文·威廉姆斯著、刘琛译:《一天给我一桩谋杀案——英国大众传播史》,上海人民出版社 2008 年版。

陈力丹、董晨宇:《新闻传播史》,人民日报出版社 2015 年版。

陈力丹:《世界新闻传播史》,上海交通大学出版社 2016 年版。

E.P. 汤普森著、钱乘旦等译:《英国工人阶级的形成》,译林出版社 2001 年版。

哈里·迪金森著、辛旭译:《英国激进主义与法国大革命 1789—1815》,北京师范大学出版社 2016 年版。

格雷顿·伯顿著、史安斌译:《媒介与社会批判的视角》,清华大学出版社 2007 年版。

辜燮高:《1689—1815 年的英国》,商务印书馆 1997 年版。

郭亚夫、殷俊编:《外国新闻传播史纲》,四川大学出版社 2004 年版。

刘易斯·科塞著、郭方等译:《理念人——一项社会学的考察》,中央编译出版社 2001 年版。

玛丽娜·弗拉斯卡-斯帕达、尼克·贾丁著,苏贤贵等译:《历史上的书籍与科学》,上海科技教育出版社 2006 年版。

麦克尔·埃默里等著、展江译:《美国新闻史——大众传播媒介解释史》,中国人民大学出版社 2004 年版。

王觉非等译:《牛津英国通史》,商务印书馆 1989 年版。

皮埃尔·阿尔贝、费尔南·泰鲁著,徐崇山等译:《世界新闻简史》,中国新闻出版社 1985 年版。

乔治·维尔著、康志洪、王海译:《世界报刊史——报刊的起源、发展与作用》,科学出版社 2018 年版。

钱乘旦、陈晓律:《在传统与变革之间——英国文化模式溯源》,浙江人民出版社 1986 年版。

钱乘旦、许洁明:《英国通史》,上海社会科学院出版社 2002 年版。

钱乘旦:《工业革命与英国的工人阶级》,南京出版社 1992 年版。

钱乘旦等:《英国通史》第 5 卷,江苏人民出版社 2016 年版。

沈固朝:《欧洲书报检查制度的兴衰》,南京大学出版社 1999 年版。

沈汉:《英国宪章运动史》,商务印书馆 2021 年版。

孙宝国:《十八世纪以前欧洲文字传媒与社会发展研究》,黑龙江人民出版社 2006 年版。

塔塔里诺娃著、何清新译:《英国史纲 1640—1815》,生活·读书·新知三联书店 1962 年版。

王笛:《街头文化:成都公共空间、下层民众与地方政治（1870—1930）》,商务印书馆 2013 年版。

王觉非主编:《近代英国史》,南京大学出版社 1997 年版。

威廉·葛德文著、何慕李译:《政治正义论》,商务印书馆
　　1982 年版。

吴伟:《格拉布街——英国新闻业往事》,北京大学出版社
　　2010 年版。

项翔:《近代西欧印刷媒介研究——从古腾堡到启蒙运动》,华
　　东师范大学出版社 2001 年版。

阎照祥:《英国政党政治史》,中国社会科学出版社 1993
　　年版。

尤尔根·哈贝马斯著、曹卫东译:《公共领域的结构转型》,学
　　林出版社 1999 年版。

杨击:《传播·文化·社会——英国大众传播理论透视》,复旦
　　大学出版社 2006 年版。

詹姆斯·鲍斯威尔著、王增澄、史美骅译:《约翰逊博士传》,
　　上海三联书店 2006 年版。

詹姆斯·卡瑞、珍·辛顿著、栾轶玫译:《英国新闻史》,清华
　　大学出版社 2005 年版。

张鑫:《英国 19 世纪出版制度、阅读伦理与浪漫主义诗歌创作
　　关系研究》,复旦大学出版社 2012 年版。

张允若、高宁远:《外国新闻事业史新编》,四川人民出版社
　　1996 年版。

郑超然、程曼丽、王泰玄：《外国新闻传播史》，中国人民大学
　　出版社 2000 年版。

（二）论文

查尔斯·塞夫、高洪：《舰队街的新动向——英全国性报纸的
　　变革》《国际新闻界》，1990 年第 3 期。

查尔斯·塞夫、高洪：《舰队街的新动向——英全国性报纸的
　　变革（续）》，《国际新闻界》，1990 年第 4 期。

陈伟源：《"舰队街"的末日》，《新闻战线》，1989 年第 3 期。

陈晓兰：《文学与市场——乔治·吉辛的城市观念与文化想
　　象》，《上海大学学报》（社会科学版），2012 年第 5 期。

哈里·迪金森；黄艳红：《柏克之后的思考：英国史学界、文
　　学界和政界与法国大革命》，《世界历史》，2017 年第 5 期。

何元国：《论法国大革命时期英国的保守主义》，《湖北大学学
　　报》，1999 年第 3 期。

侯忠贞：《简析 18 世纪末 19 世纪初的英国工人阶级激进报
　　刊》，《首都师范大学学报》，2007 年第 6 期。

胡泳：《〈泰晤士报〉的历史沿革》，《新闻研究资料》，1991 年
　　第 3 期。

霍盛亚：《英国文学家对英国文学公共领域的建构作用研究》，
　　博士学位论文，东北师范大学，2013 年。

焦绪华：《1815 年～ 1830 年英国报业挑战法律枷锁的斗争》，

《广西社会科学》，2005 年第 2 期。

刘金源：《论法国大革命时期英国政治的保守化》，《安徽史学》，2013 年第 4 期。

钱乘旦：《1815 年战后英国的工人运动及激进主义问题》，《南京师大学报》，1981 年第 6 期。

世铨：《舰队街沧桑》，《新闻战线》，1991 年第 4 期。

孙勇斌：《约翰逊：恩主制度的叛逆者——读包斯威尔的〈约翰逊〉》，《名作欣赏》，2005 年第 4 期。

田启林、姬琳：《新世纪的分水岭——1800—1860 年的英国新闻业》，《国际新闻界》，2002 年第 5 期。

尹虹：《伯克与潘恩关于法国大革命的论战》，《史学集刊》，1997 年第 3 期。

尤尔根·哈贝马斯：《关于公共领域问题的答问》，《社会学研究》，1999 年第 3 期。

张一凡、安小茹：《英国的报业王国——"舰队街"》，《新闻战线》，1982 年第 2 期。

张好玫：《第四等级：一个关于英国报刊观念的历史》，博士学位论文，复旦大学，2010 年。

甄敏：《论 18 世纪英国激进运动的兴起》，《辽宁大学学报》，1993 年第 2 期。

图书在版编目(CIP)数据

工业革命时期英国报刊与社会变革研究 / 张英明著.
上海：上海人民出版社，2024. -- ISBN 978 - 7 - 208
- 19090 - 0

Ⅰ.G219.561；K561.43

中国国家版本馆 CIP 数据核字第 202475U2L7 号

责任编辑 邵 冲
封面设计 夏 芳

基金项目：山东省社科规划研究项目"工业革命时期英国报刊与社会变革研究"
(24DLSJ06)

工业革命时期英国报刊与社会变革研究

张英明 著

出　版　上海人民出版社
　　　　　(201101 上海市闵行区号景路 159 弄 C 座)
发　行　上海人民出版社发行中心
印　刷　上海景条印刷有限公司
开　本　890×1240　1/32
印　张　9.75
插　页　2
字　数　174,000
版　次　2024 年 8 月第 1 版
印　次　2024 年 8 月第 1 次印刷
ISBN 978 - 7 - 208 - 19090 - 0/K · 3405
定　价　48.00 元